福岡の歴史的町並み

門司港レトロから博多、柳川まで

森下友晴

石風社

目次

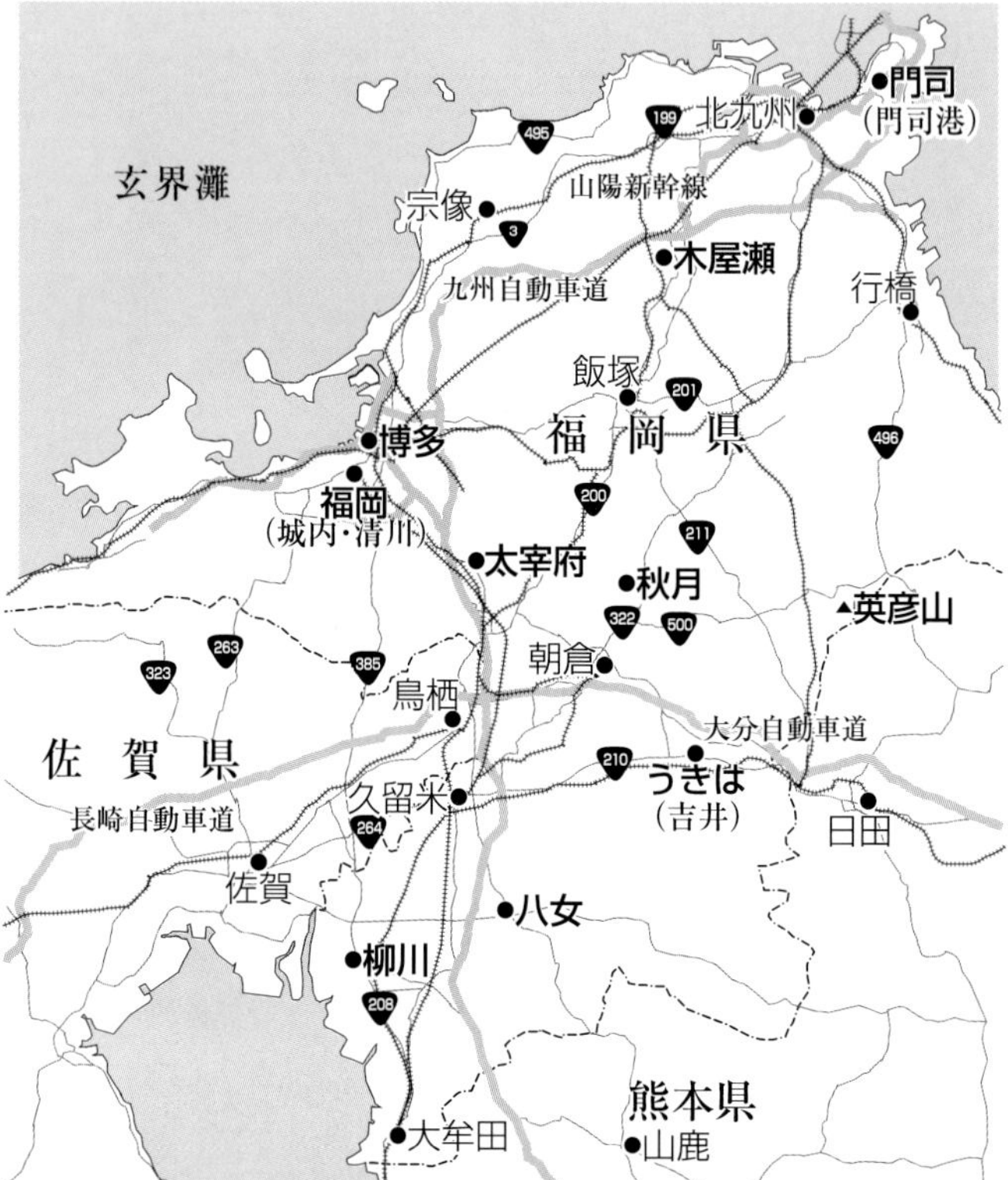
門司
(門司港)
北九州
199
495
玄界灘
山陽新幹線
宗像
3
木屋瀬
九州自動車道
行橋
飯塚
201
博多
福　岡　県
496
福岡
(城内・清川)
200
211
太宰府
秋月
英彦山
322
500
263
323
385
朝倉
鳥栖
大分自動車道
佐　賀　県
210
うきは
(吉井)
久留米
長崎自動車道
日田
264
佐賀
八女
柳川
208
熊本県
大牟田
山鹿

福岡県要図

はじめに

そもそも「町並み」とは何か

本書は、福岡県各地に残されている、歴史的町並みに関するレポートである。

本書を手に取られる方は、建築や町並み等について詳しく調べようとされる方、或《あ》るいは日本の歴史や町並みに興味を持たれている方が多いと思うが、筆者は文章を書くのが決して上手ではない為、万人が満足出来る代物《しろもの》にはならないかも知れない。しかし、歴史的町並みの持つ素晴らしさが少しでも読者に伝わり、且《か》つ、町並みに対してより深い興味を持った、という方が一人でもおられたら、幸いである。

＊　＊

さて、辞書をひもといて「町並み」の項目を調べてみると「町の家のならんださま」（『新国語辞典』〈暁教育図書株式会社〉）と記されている。つまり、町並みの定義はそう難しいものではなく、ごく簡単なものなのである。

「町並み」という言葉を説明するなら、僅《わず》か十文字で事足りる。しかし、この言葉は非常に深い意味合いを内に秘めているのである。その事は、このレポートを御覧になれば追い追い理解していただけるだろう。

ここでは主に、戦災や自然災害、或いは高度経済成長期やバブル経済の時代に於ける濫《らん》開発等にも生き残った歴史的町並みについて言及する。だが、広義の「町並み」はそれだけではなく、例えばシーサイドももち等もその中に含まれるだろう。

町並みは生き物である。どのような町並みも例外なく、半ば自然発生的に、或いはその時々の為政者の都合等によって「誕生」し、人口の増加や町の規模の拡大等によって「成長」し、そして戦災や自然災害、或いは濫開発等によって「死」を迎える。前記のシーサイドももちにしても、誕生して間《ま》もない町並みだが、他の町並みと同様な運命を辿るだろう。

変化と再生を繰り返した博多の町並み

ここで筆者が述べたい事は要するに、町の誕生当初から残されている建造物、或いは町並みは、皆無に等しい、という事である。

博多の町並みをその一例として見てみよう。

博多は歴史の古い町である。また、大陸と近い為に、貿易港としても繁栄してきた。しかし、それ故《ゆえ》に元寇《げんこう》の際、蒙古《もうこ》軍の標的となり、博多の町は甚大な被害を受けた。そして時代を降《くだ》って戦国時代には、実に三度に亘《わた》ってかの地は灰燼《かいじん》に帰したのである。

その後、博多の町は豊臣秀吉による、所謂《いわゆる》「太閤町割《まちわり》」によって復興する。以後約三百年間に亘って博多の町並みの景観は連綿と続いてきたのだが、太平洋戦争の際の戦禍によって町並みの大半は再び焼け野原となってしまった。

このように、博多の町並みは何度も破壊と再建を繰り返してきたのである。その事は、他のどの町並みについても同様だろう。また、たとえ戦災や自然災害を受けなかったとしても、戦後のがむしゃらな経済発展のとばっちりを受けて、歴史的町並みの破損を招いた、という事も多々あったに違いない。

現在、日本各地、いや、世界各地で歴史的町並みを保存、或いは活用しようという機運が高まっている。その事は非常に良い事である。これまで、日本のみならず、あらゆる国・地域の人間が、ただ単に快適さや便利さのみを求めて自分たちの住む町並みを蔑《ないがし》ろにして来た。しかし、最近になって住居や町並みは快適さだけでは割り切れないものだと、誰もが気付き始めたのだろう。

また、ここで筆者が指摘しているように、町並みというものは「変化しない」ものではなく、「変化する」ものだという事も念頭に置く必要があるだろう。

さらに、一口に「歴史的町並み」といっても、その種類は様々である。洋風建築の町並み、城下町、宿場町、農村や漁村等、日本全国津々浦々にそれぞれ個性的な町並みが存在している。そしてそれぞれの町並みの歴史や文化、或いは町並み保存の取り組み方も、二つとして同じものが無い程、違っているのだ。

歴史的町並みを見るということ

では、歴史的町並みに住んでいる人たちにとって「町並みを見る」という事は、一体どういう事なのだろうか。次にこれを考察してみよう。

歴史的町並み、門司《もじ》港でも柳川《やながわ》でも良いが、それらの町並みに居住している人々にとって、自分たちの住んでいる場所は、見慣れた光景であり、帰るべき故郷である。殊《こと》に、生まれ育った町を離れて日本全国、或いは世界各国へ散っていった人たちにとっては、歴史的町並みを見る事は大きな意味を持つ。例えば、久し振りに故郷へ帰って見て、住んでいた町並みが昔と大して変わらなかったら、大抵の人はその事に安堵《あんど》するだろう。また、逆に町並みが大規模な再開発等で変貌してしまったら、善《よ》し悪《あ》しはともかく人は浦島太郎のように驚くに違いない。

或いは、このような事も考えられる。ある歴史的町並みに住んでいる人でも、別の町並みを探訪する時、その人は「異邦人」となる。例えば、秋月《あきづき》に住んでいる人が柳川市に行くとすると、その人は柳川が育んで来た文化に新鮮な感銘を覚える。また、秋月と柳川はかつて戦火を交えた事があるので、二つの町の歴史的な繋《つな》がりも同時に感じる事もあるだろう。こうして、歴史的町並みの住人は自分たちの歴史や文化、そして町並み同士の有機的な繋がりを知ってゆくのである。

このように、歴史的町並みに住む人にとって町並みを見るという事は、筆者のような一過性の旅行者と違い、安らぎや驚きを得る事であり、自らを知る事にも繋がるのである。

最後に、本書では、門司港・木屋瀬《こやのせ》・英彦山《ひこさん》・博多・太宰府《だざいふ》・秋月・吉井・八女《やめ》・柳川、新《しん》柳町《やなぎまち》そして城内《じょうない》住宅の十一ヵ所の町並みを取り上げる。最終章の二ヵ所を除けば何処《いずこ》も人口に膾炙《かいしゃ》した町並みだが、それ故に文章にも書きやすいだろう。

筆者はこのレポートを、半《なか》ば道楽のつもりで書いて行きたいと思っているが、いずれ町並みで飯を食って行きたいとも考えている。拙《つたな》い文章とは思うが、是非とも最後までお付き合い願いたい。

第一章……門司港レトロ地区

「小神戸」門司《もじ》港

先《ま》ず最初に、北九州市の港町・門司港を紹介しよう。

コラムニストの泉麻人《あさと》氏は、この町を「小神戸」と表現している。極めて的《まと》を射《い》た言い方だと思う。神戸同様、門司港にも個性豊かな洋風建築が数多く残されているからだ。

但《ただ》し、神戸とは異なる点も幾つかある。最大の違いは、外国人居留地の有無といえよう。神戸には、欧米系企業の商館や中華街（チャイナタウン）が存在しているが、門司港にはそれらは見受けられない。また、神戸の場合、住宅として使用されている洋風建築が多いのだが、門司港では金融・官庁・或いは企業の社屋として利用されている洋風建築が殆《ほとん》どである。

神戸以外にも、洋風建築が数多く残されている都市は幾つかある。例を挙げるなら、函館・横浜・長崎等である。これらの都市は規模が大きく、従って洋風建築の数もかなり多いのだが、門

旧門司三井倶楽部。アルバート・アインシュタインも宿泊した由緒ある建造物である。

司港の場合、門司区谷町から移築された旧門司三井倶楽部や、大連市《だいれん》（中華人民共和国）に所在している建物を複製した北九州市立国際友好記念図書館を含めても、二十棟にも満たない。門司港は、まさに「小神戸」なのだ。

しかしながら、門司港の建築物は時代別に見るとかなりの幅がある。明治・大正・昭和戦前・昭和戦後、そして平成と、五つの時代の洋風建築が門司港に点在しているのである。

それでは現在残されている、門司港のレトロ建築の代表的なものを竣功《しゅんこう》年別に見て行こう。

●明治時代

九州鉄道記念館（明治二十四年）、旧門司税関（明治四十五年）

●大正時代

ＪＲ門司港駅（大正三年）、旧大阪商船門司支店（大正六年）、旧門司三井倶楽部（大正十年）、福岡中央銀行門司支店（大正十三年）、ＮＴＴ門司電気通信レトロ館（大正十三年）

●昭和戦前

門司郵船ビル（旧日本郵船ビル、昭和二年）、門司区役所（昭和五年）、福岡ひびき信用金庫門司港支店（昭和五年）、山口銀行門司支店（昭和九年）、ＪＲ九州第一庁舎（昭和十二年）、出光美術館（竣功年不明）

●昭和戦後

港町二番館（旧日本船舶通信ビル、昭和二十五年）、ホーム・リンガ商会（昭和三十七年）

●平成時代

北九州市立国際友好記念図書館（平成六年）

以上が門司港の、代表的なレトロ建築の名称及び竣功年である。尚《なお》、建物の名称は二〇〇六年（平成十八年）五月現在のものである。

最後に、門司港の歩んできた歴史について簡単に触れておこう。

かつて、門司港随一のランドマークであった旧大坂商船。現在はその地位を門司港レトロハイマートに譲っている。

港町二番館(旧日本船舶通信ビル)。昭和戦後に誕生したレトロ建築だ。

和布刈神社。拝殿は関門海峡に面している。

門司港は明治になって開発されたと思われがちだが、実は意外に古い歴史を持っている。

その歴史の生き証人が、和布刈《めかり》神社である。この神社では、実に一千年以上の歴史を持つ「和布刈神事」という行事が行われる。これは、毎年旧暦元旦に神官が膝《ひざ》まで海に浸《つ》かってワカメを刈り、神前に供えるというもので、県の無形文化財にも指定されている。

この他にも、神功《じんぐう》皇后が被《かぶ》っていたとされる兜《かぶと》を御神体とする甲宗八幡《こうそうはちまん》神社や、古代の関所の跡である門司関《もじがせき》跡などがある。

このように、日本各地を渡り歩いた神功皇后も滞在し、古代に於《お》いて、税関のような役割を果たしていた関所が置かれるなど、門司は古くから世間に知られていたのである。

甲宗八幡宮。神功皇后の兜は、五十年に一度だけ一般公開される。

　さて、ここまでは現在の市街地から少し離れた場所に関する記述であるが、では、門司港レトロ地区はどうだろうか。
　現在の門司港レトロ地区に該当する場所は、製塩を基幹産業とする、明治初頭まで日本の何処《どこ》にでも見られた寒村だったという。しかし、一八八九年（明治二十二年）に門司築港株式会社が設立されると、門司の町は急速に発展した。明治の終わり頃から港湾整備工事が始まり、その結果、大型船舶の出入りや碇泊が可能になった。そして大正時代には門司港は、日本でも屈指の大貿易港となり、目抜き通りは「一丁倫敦《ロンドン》」とも呼ばれ、約三百メートルの中に二十八行もの銀行が並んだという。因《ちな》みに門司港名物「バナナの叩き売り」も、この頃始まったといわれ

門司港ホテル。平成生まれのレトロ建築といえよう。

ている。

しかし、門司港の繁栄は、永くは続かなかった。

門司港衰頽《すいたい》の予兆は、一九四二年（昭和十七年）の関門海底鉄道トンネルの開通から始まる。これによって門司港を経由せずに本州へ渡る事が可能になった。

更《さら》に、一九四五年（昭和二十年）には、門司港が空襲の被害に遭《あ》った。これによって、門司港の数多くの洋風建築が姿を消してしまったのである。

昭和も戦後になると、門司・小倉・戸畑・八《や》幡《はた》・若松の五市が合併して北九州市が発足する（一九六三年〈昭和三十八年〉二月）。旧五市の中で最も開発が進んだのが、旧城下町の小倉区

（現在の小倉北区）である。一方、門司区はどうかというと、かつて交通の要衝《ようしょう》として繁栄した面面影は見る影も無く、町は衰頽の一途を辿っていった。だが、それ故《ゆえ》に門司港は開発の手から免《まぬが》れ、様々な洋風建築が残されたのである。

レトロ事業以前の門司港

さて、このように門司港の歴史を駆け足で見てきたが、戦後暫《しばら》くの間は門司港にも繁栄の余韻《よいん》が残っていたようである。何故なら、日本船舶通信ビル（現・港町二番館）等の、戦後生まれの洋風建築も存在するからである。

しかし、五市が合併し、北九州市が発足した辺りから、門司港は次第に人々の記憶から忘れ去られたかのように衰頽していった。

ところで、北九州市が発足した昭和三十年代という時代は、高度経済成長の時代でもあった。好景気に沸いていたこの時代、工業都市であった現在の八幡東区では次々と社宅やアパートが建設され、大いに賑わっていた。また、商業都市・小倉（北区）も次第に開発されていった事は、前項の最後にも一寸《ちょっと》だけ触れたとおりである。

更に、黒崎（八幡西区）の存在も忘れてはいけない。一九七九年（昭和五十四年）、黒崎そごう・メイト黒崎専門店街・ジャスコをテナントとする、黒崎駅東地区市街地再開発ビル・メイト黒崎がオープンする。この頃になると日本は、オイルショックの痛手から立ち直り、バブル経済の時代へと突入する。メイト黒崎は、オイルショックを挟《はさ》んだ高度経済成長期からバブル経済の時代へと移行する「時代の道標《みちしるべ》」だったのである。

さて、このように衰頽していく門司港を尻目に、小倉・八幡・黒崎は飛躍的に発展していった。だが、その後、県庁所在地である福岡市が擡頭《たいとう》すると、門司港同様これら三都も次第に衰頽していった。

話を門司港に戻そう。

門司港レトロ事業が始まる前のかの地の町並みは、惨憺《さんたん》たるものだった。例えば、旧大阪商船は建物の老朽化、冷暖房が利きにくい等の理由から、解体されるという話が浮上していた。そして旧門司三井倶楽部も、移築前には国鉄民営化の煽《あお》りを受けて取り毀《こわ》されそうになったという。また、解体されるのではなかったが、旧門司税関も細かい装飾が取り払われ、窓も塞《ふさ》がれて、ただの倉庫にされていた。

しかし、そんな門司港にある日、転機が訪れる。

国際友好記念図書館。門司港には元々無かった建物なので、建設には賛否両論があったという。

一九八八年（昭和六十三年）に、ＪＲ門司港駅が国の重要文化財に指定されたのである。この事は、門司港の町づくりに於いて、一つのターニング・ポイントとなったといっても過言ではない。行政側では、その前年から門司港に残る洋風建築を活用した「門司港レトロ事業」が構想されていたが、ＪＲ門司港駅の重文指定によって、市民側でも洋風建築を保存・活用しようとする気運が本格的に高まってきたのである。

門司港再発見

さて、ここまではレトロ事業以前の門司港について述べてきたが、この項からは門司港

門司港はバナナの叩き売り発祥の地でもある。故に、こんな石碑も建てられている。

の町づくりについて記述していこう。

門司港のみならず、他の古い町並み全般についていえる事だが、歴史的町並みが残される要因は、次の二つに大きく分けられるのではないだろうか。

1 戦災や自然災害など、物理的な損害を被《こうむ》っていない。

2 交通機関の変化等によって、経済的な発展から取り残される。

今まで見てきたように、門司港の町並みは明らかに「2」の要因によって残されている。他の大都市と同様、門司港も戦災には遭っているが、潰滅《かいめつ》的な打撃には到っていないようである。やはり経済的な事情によって、町並みが残されたと考えるべきであろう。

ところで、経済的な衰頽が原因で町並みが残された例は、門司港以外にも幾つか存在する。

その代表的な町並みが、三角《みすみ》西港（熊本県宇城市三角町三角浦）である。この地も、門司港同様瀟洒《しょうしゃ》な洋風建築が点在する港町で、石積み埠頭《ふとう》や石橋、石造りの水路等が残されている。

三角西港は、オランダ出身の技術者であるローウェンホルスト・ムルドルによって一八八七年（明治二十年）に開かれた。明治時代末期から大正時代初期にかけて、三角西港は大いに繁栄した。ところが、三角西港は後背地が狭く、当時の技術では鉄道の敷設が困難だった為、鉄道（現在のＪＲ三角線）の終点は後に開発された三角東港近辺に置かれ、その影響で西港の方は次第に衰頽していったのである。

現在、三角西港は、旅客船や貨物船の姿の見受けられない、細《ささ》やかな港町となっている。しかし、最近では「ムルドルハウス」という観光物産館を建造したり、ラフカディオ・ハーン（小泉八雲）ゆかりの旅館・浦島屋を復元したりするなど、観光にも力を入れている。

こうした努力が稔《みの》って、つい最近三角西港全体が国の重要文化財に指定された。

町並みの文化財指定といえば、日本では一九七五年（昭和五十年）に文化財保護法の改訂が行われた際「重要伝統的建造物群保存地区」という制度が設けられた。しかし、三角西港の場合「伝統的」な「建造物」が少ない為に、従来のような「文化財」として指定されたのだろう。

ともあれ、三角西港は大規模な再開発の手から免れ、保存される事になったのである。

洋風建築の町並みは、三角西港だけではない。門司港の隣り、関門海峡を越えた所にある下関《しものせき》市にも、洋風建築が多少残されている。

下関市は、山口県内で最も人口の多い都市だが、その中で特に洋風建築が密集している場所は、唐戸《からと》地区という所である。

それでは、唐戸地区や、その近辺に点在する洋風建築を挙げてみよう。

下関南部町郵便局（明治三十三年）／ロダン美容室（明治三十八年）／旧下関英国領事館（明治三十九年）／旧秋田商会（大正三年）／山口銀行別館（大正九年）／下関市役所第一別館（大正十二年）／山口県労働金庫下関支店（大正末）

以上が下関市内に残る洋風建築の名称と竣功年である。この他にも下関には興味深い建物が幾らか残っているので、実際に行ってみる事をお勧めしたい。

神戸と下関を結ぶ山陽線が開通し、下関駅が開業した年は一九〇一年（明治三十四年）。この当時、下関駅は現在地より東方に建てられていた。翌年には関門鉄道連絡船が開通するが、これを契機に下関市内には様々な洋風建築が建てられたのである。

しかしその後、下関駅が現在地に移転し、鉄道連絡船も廃止されると、洋風建築が密集していた唐戸地区界隈《かいわい》は再開発の手から取り残され、結果的に洋風建築の町並みが残ったのである。

話を門司港に戻そう。

町並みが残されるには、物理的な要因と経済的な要因とがある。そして門司港は、後者の要因によって町並みが残されたのである。

ところで、門司港といえばどうしても洋風建築群ばかりに目が行きがちになるが、かの地には木造の町家等が密集する路地裏の雰囲気もよく残されているのだ。

門司港の路地裏も、立派な観光資源となり得るのだろうか。また、路地裏の町並みも門司港駅や旧門司三井倶楽部等のように、今後は保存の対象となるのだろうか、などと筆者は考えてみた。

そこで二〇〇三年（平成十五年）十二月十九日、猛烈な吹雪の中、門司港に出向いて、門司区役所町づくり推進課主幹（当時）をされている、平野富士男さんにお話を伺った。

「ちょっと裏に入ると、いろんな古い建物があります。それも門司港レトロの裏の魅力という形で、今後はそれをどう上手く観光に活用しようかと、そういう検討はやっています。具体的にどうかという所まではまとまっていませんけれども、どんな建物がどんな形で保存出来るか、検討しています」と平野さんは仰有《おっしゃ》った。

門司港レトロ事業による港湾整備等は開始から十年以上経つが、路地裏の整備等はまだ始まったばかりである。但《ただ》し、アーケードの続く商店街・栄町《さかえまち》銀天街では、観光案内所を設けるなど、

かつて、料亭として繁盛した三宜楼《さんきろう》。レトロ地区の西洋館同様、保存して欲しいものだ。

観光客の呼び込みに力を入れて久しい。今後は栄町銀天街のみならず、その周囲の中町や、栄小路等とも連繋《れんけい》していく事が必要となるだろう。そして門司港の洋風建築群と路地裏の町並みは、お互いに共存し合っていくのである。

それからもう一つ、是非《ぜひ》とも知っておきたい事があった。それは、門司港は今後、長崎や神戸など、他の洋風建築で有名な町と連帯して発展していこうとする運動はあるのだろうか、という事である。

この事について前述の平野さんは、こう述べられた。

「今連帯しているのは、海峡都市という形で、函館・下関・青森。一緒に、毎年フォー

門司港の路地裏に残る木造三階建ての住居。

同じく路地裏の町並み。いつまでも残して欲しい風景だ。

ラムをやったり、お互いに協力出来る事はないか、と検討しています。神戸や長崎との連繋は考えていません」

函館・下関・青森、そして門司港の共通点は「海に面した港町」という点である。また、函館と青森、下関と門司港は、お互いに海峡によって分けられた、隣町同士である。故にこれらの都市の住民にとって、隣町同士という事は、お互いに親近感を覚えやすくなる、というのは想像に難《かた》くないだろう。

現在の所、門司港は神戸や長崎等と連繋していないという。しかし、今後はそれらの重要伝統的建造物群保存地区に指定されている都市とも連繋し、発展していく事も必要となるだろう。

そこで提案したい事がある。

日本各地の「小京都」の発展等を目的とする「全国京都会議」という組織があるが、これに倣《なら》って「全国神戸会議」を創設する、というのはどうだろうか。この組織は「全国京都会議」の外郭団体のような形で、幾つかの洋風建築が残されている、或《ある》いは、そうでなくとも海外とは何らかの繋がりを持っている、等の条件を持つとしたい。そして、北は小樽から南は那覇までが横の繋がりを持ち、積極的に意見や情報を交換し合うのである。

現在、「全国京都会議」に加盟している、「小京都」は五十三カ所に上るという。一方、洋風建築の残る「小神戸」は、せいぜい三十カ所前後しか上らないだろう。しかし、それでもこれらの都市は、全国各地の「小京都」に劣らぬ価値があると思う。「歴史が浅い」、「建物の効率が悪い」などと後ろ向きに考えずに、洋風建築を積極的に保存・活用する事がこれからは必要になるだろう。

このように、今後の門司港は、地区内部（所謂《いわゆる》路地裏など）及び、地区外部（下関・函館など）と連繋し、発展していく事が課題となるのである。

今後の門司港

現在、門司港では、九州鉄道記念館や海峡ドラマシップ等の、新しい観光施設が次々とオープンしている。

九州鉄道記念館は、旧九州鉄道本社の社屋とその周辺の土地を利用した観光施設で、蒸気機関車を初め、現在は第一線を退いた鉄道車輌が幾つか展示されている。また、煉瓦《れんが》造りの社屋内部は大幅な改築が施され、鉄道模型や鉄道に関するゲーム、土産品を売る売店や喫茶店等を入れている。

海峡ドラマシップでは、関門海峡のイメージを、映像や音声等で演出する「海峡アトリウム」

や、古代から現代までの関門海峡の歴史を辿る「海峡歴史回廊」等がある。だが、この海峡ドラマシップで取り分け目を引くのは、大正時代の門司港の街角を再現した「海峡レトロ通り」ではないだろうか。これは、日本銀行西部支店や路面電車など、現在では消えてしまった建築物等を再現したもので、往時を偲《しの》ばせる造りとなっている。

また、今後は門司港に中華街を造成する計画もあると聞く。さらに、臨港鉄道の線路を利用して、観光列車を走らせるという計画もあったが、どうやらこの計画はいつの間にか立ち消えになったらしい。とはいうものの、線路は全て撤去されるのではなく、一部が残されて、イベントなどの際に観光用トロッコを走らせたりするという。

このように、門司港レトロ事業は完結した訳ではない。これからも様々な計画が立てられ、実行されていくだろう。

だが、その一方で消えていった洋風建築もある。門司港ではレトロ事業が開始される前後に、JR九州自動車事業部・旧三菱倉庫門司支店倉庫・日華《にっか》ビル等が取り毀された。そして近年、明治屋門司営業所や大分銀行門司支店が解体されてしまった。跡地にはマンションが建つ予定だという。どの建物も門司港の歴史を見守ってきた名建築だけに、解体された事がつくづく惜しまれる。

ともあれ、今後の門司港の課題は、地区内外との連繋、そして新しい観光施設の開発等である。

そして観光客が「来て良かった」、住民が「住んで良かった」と思えるような町づくりを行う事が大切だろう。

主な参考文献

西村幸夫監修・三沢博昭写真『日本の町並みⅠ　近畿◎東海◎北陸』（平凡社）
片野博『北九州の建築』（(財）北九州都市協会）
ギャラリー・間＝編『建築MAP北九州』（TOTO出版）
西日本新聞社編『各駅停車全国歴史散歩・福岡県』（河出書房新社）
読売新聞西部本社編『歴史の町並み再発見』（葦書房）
『北九州思い出写真館』（北九州市制三十周年記念誌）
白石直典『九州・山口の西洋館』（西日本新聞社）
『FUKUOKA STYLE vol.5』（福博綜合印刷）
吉田桂二『日本の町並み探究　伝統・保存とまちづくり』（彰国社）
白石直典『中国地方の西洋館』（中国新聞社）
『FUKUOKA STYLE vol.2』（福博綜合印刷）
ロム・インターナショナル編『図解　日本地図と不思議の発見』（河出書房新社）
『海峡の街　門司港レトロ物語』（(財）北九州都市協会）

【MAP——①】
門司港レトロ地区

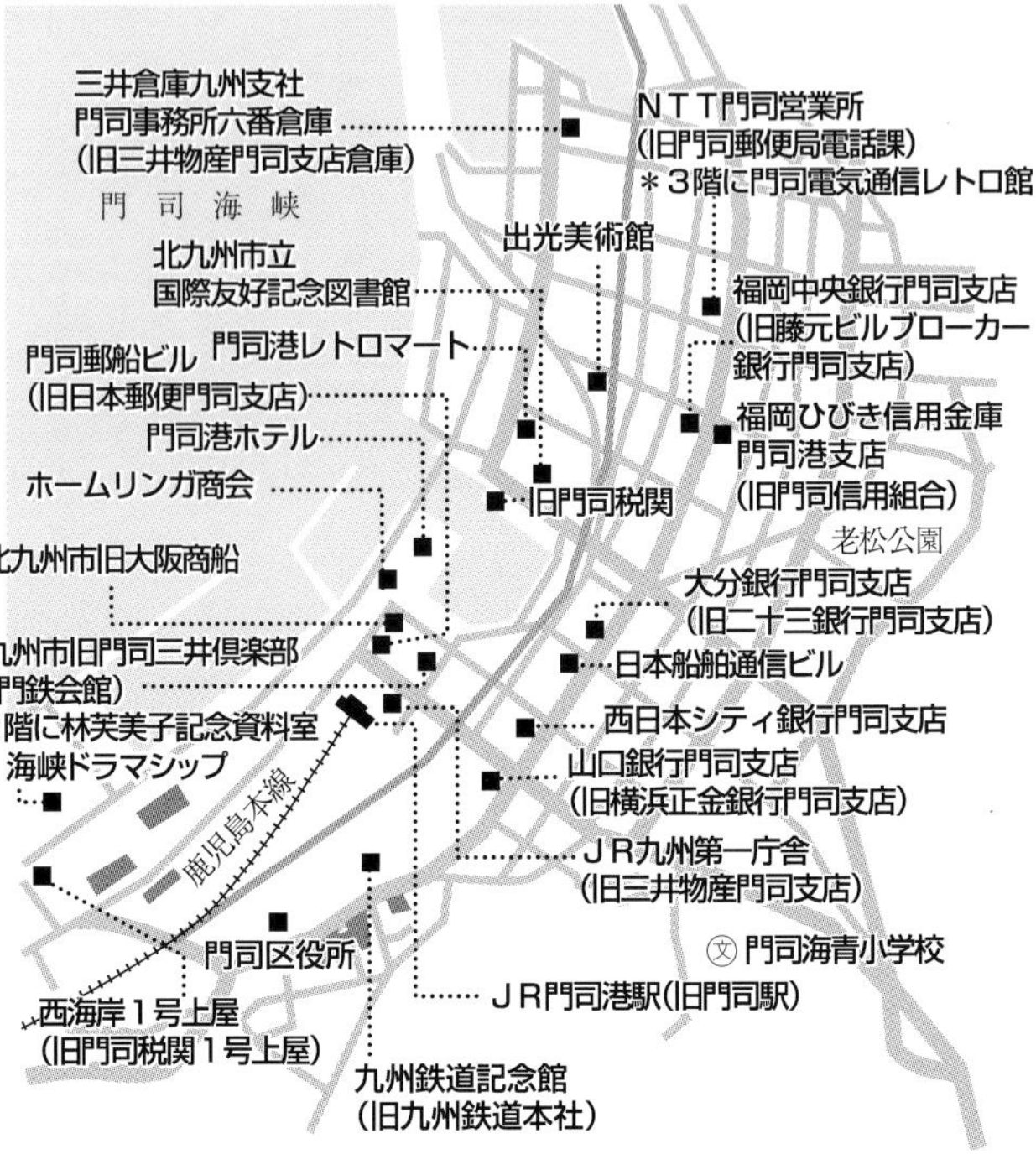

【門司港レトロ地区へのアクセス】

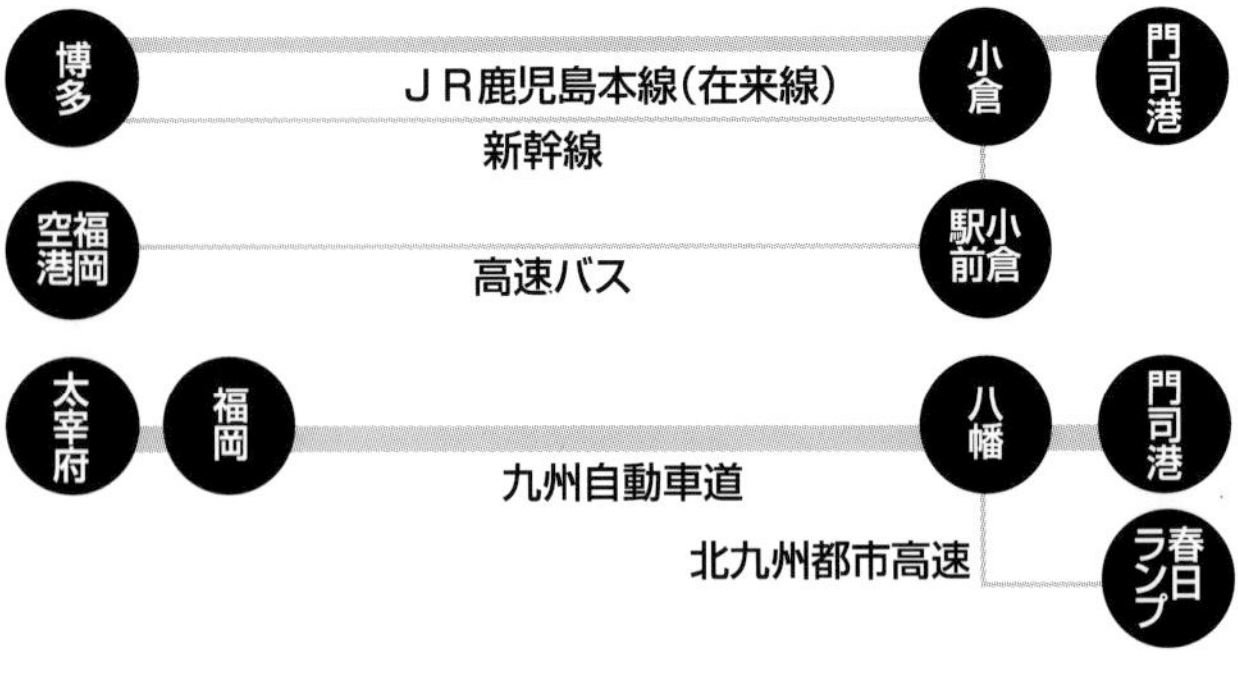

第二章……宿場町・木屋瀬

筑前六宿《ちくぜんむしゅく》とは

北九州市八幡《やはた》西区黒崎から筑豊《ちくほう》電鉄で約三十分程進んだ場所に、木屋瀬《こやのせ》という宿場町がある。木屋瀬は、所謂《いわゆる》「筑前六宿」の一つである。「筑前六宿」とは江戸時代、福岡藩の管轄にあった、長崎街道の六カ所の宿場町の総称である。その六カ所とは、黒崎・木屋瀬・飯塚・内野・山家《やまえ》・原田《はるだ》を指す。その中でも木屋瀬は、取り分け昔の面影を残している。

さて、その木屋瀬のある長崎街道の事だが、この街道は実をいうと比較的歴史が新しい道なのである。

室町時代から江戸時代初期にかけては、九州の諸大名は京や江戸に上る際、主に秋月《あきづき》街道を利用していた。この街道は、豊前《ぶぜん》小倉から秋月を経由して筑後《ちくご》久留米に到る道で、全長はおよそ二十三里（約九十キロメートル）ある。その後、長崎街道が整備され、九州の殆《ほとん》どの大名がこの道

西構口《にしかまえぐち》跡。福岡県内の宿場町で構口の遺構が残っているのは、青柳（古賀市）、山家（筑紫野市）、そして木屋瀬だけだという。

を通るようになったが、佐賀藩や柳川藩などは、秋月街道を利用していたという。

徳川家三代将軍・家光の時代、日本は鎖国政策を取り、中国やオランダ、琉球王国など一部の国とだけ通商を行う事にした。それらの国との交易は主に長崎で行う事に決定したが、そうなると当然、長崎の重要性が増す。そこで小倉を起点とし、長崎に到る全長約五十七里（およそ二百二十八キロメートル）の長崎街道が整備された。つまり、長崎街道は江戸時代にデビューした、「新進気鋭」の街道だった訳である。

その長崎街道全体の中で、宿場町は二十三カ所に上る。木屋瀬宿は、黒崎宿の次に来る二番目の宿場町であった。

木屋瀬は、江戸時代初期に福岡藩の財政を支えた豪商・伊藤小左衛門《こざえもん》の出身地といわれている（青柳［現・福岡県古賀市青柳］との異説もある）。この伊藤小左衛門については詳しい事はよく判っていない。しかし、日本の海賊等と手を組んで、朝鮮に武器等を密輸していた事が発覚し、長崎で一族もろとも処刑された事が記録されている。

木屋瀬は、伊藤小左衛門の他にも多くの偉人を輩出している。そこで、木屋瀬ゆかりの偉人を挙げてみよう。

伊馬春部《いまはるべ》（放送作家・歌人）、九州山十郎《きゅうしゅうざんじゅうろう》（力士）、麻生東谷《あそうとうこく》（絵師）、新谷鐵僊《しんたにてつせん》（絵師）、野口援太郎《えんたろう》（教育家）、吉田貞雄（理学者）、渡辺玄外《げんがい》（僧侶）

以上が木屋瀬ゆかりの主な偉人の例である。彼ら郷土の偉人たちについては後で詳しく記述する。

ところで、長崎街道の所謂筑前六宿は、それぞれどんな町だったのか。この章の主題は木屋瀬についてなので、ここでは木屋瀬以外の五カ所の宿場町（黒崎・飯塚・内野・山家・原田）及び、補足として、厳密にいうと宿場町ではないが長崎街道の難所で大名も休憩したという石坂、そし

村庄屋跡の町屋（木屋瀬）。現代風にいえば「村庄屋」は役場の中の部局の一つといった所か。

て木屋瀬の隣町・植木について簡単に記述していこう。

先ずは黒崎宿《しゅく》から。

現在、北九州市八幡西区黒崎は、同じ北九州市内の小倉北区の中心街に次ぐ大都市となっている。その黒崎は元々、筑前六宿の一つとして誕生した。また、福岡藩と小倉藩との境界線上に近かった為か、黒崎宿には関所が置かれていた。更《さら》に、この宿場町には上方《かみがた》（大坂）へ渡る船が出入りする港まであったという。

第二次大戦後、黒崎は都市再開発が進んだ揚句《あげく》、宿場町の面影は殆ど失われてしまった。しかし、少し足を運べば市の文化財に指定された「曲里《まがり》の松並木」があり、この部分はよ

明治期に建てられた町家(木屋瀬)。本格的な二階がある町家は、明治以降に建てられたものが多い。

社会教育施設が集まる街角(木屋瀬)。

く保存されている。

次は飯塚宿について。

現在の飯塚市は、筑豊地方の中心都市となっている。最近では人口の流出が続いているが、戦前は石炭産業を背景として繁栄していた。また、この町には「嘉穂《かほ》劇場」という一九三一年（昭和六年）に建てられた芝居小屋がある。この劇場は二〇〇三年（平成十五年）の水害で潰滅的な被害に遭《あ》ったが、市民の浄財等によって修復が進んでいる。

飯塚宿には、オランダ使節の宿泊所として当てがわれ、ケンペルやシーボルトも泊まった「オランダ屋敷」があった。現在、その建物は残されておらず、石碑のみが建てられている。

内野宿は、筑前六宿の四番目の宿場町である。

前記の黒崎と飯塚は大都市に成長したが、内野はすっかり衰頽《すいたい》してしまったといえる。この町は江戸時代初期に、内野太郎左衛門という人物によって開かれた。現在は、木屋瀬に次いで往時の面影が残されている。

長崎街道の難所・冷水《ひやみず》峠を挟んで次の山家宿は、一六一一年（慶長《けいちょう》十六年）、桐山丹波《たんば》という人物によって開かれた。

現在、山家には宿場町を偲ばせる建造物は殆ど残されていないが、宿場の入口である瓦葺《ぶ》きの

石坂の急坂は「アケ坂」とも呼ばれていた。現在、坂は階段となっている。

土塀（構口《かまえぐち》）が保存されている。

筑前六宿の最西端に位置するのは原田宿。この宿場町は、筑前・筑後・肥前《ひぜん》の三つの国の国境に位置していた。また、原田宿には「はらふと餅」という食べ物が名物として売られていた。往時はこの餅によって、多くの旅人の腹が満たされた事であろう。

最近ではこの宿場跡とその周囲が、福岡・久留米両都市のベッドタウンとして開発されているが、その反面、歴史的町並みの整備も進められているとも聞く。

それから、石坂という町について。

筆者の座右の書『歴史の町並み再発見』（葦書房）に石坂が紹介されているが、行ってみても、何処《どこ》に「歴史の町並み」が残されてい

立場茶屋銀杏屋（石坂）。1996年に市の文化財に指定された。

るのか皆目《かいもく》見当が付かない。しかし、石坂は長崎街道を語る上で、無視出来ない場所である。

石坂には「アケ坂」または「中の谷」と呼ばれる急坂がある。この坂を通行する際は、たとえ大名と雖《いえど》も駕籠《かご》から降りて自分の足で登り降りせざるを得なかったという。

坂道を登り切った所に、立場《たてば》茶屋・銀杏《いちょう》屋がある。この家は、元々普通の農家だったが、長崎街道に面し、休憩するのに丁度《ちょうど》良かった為、大名などによく利用された。現在、銀杏屋は市指定重要文化財となり、一般公開されている。

木屋瀬の隣町・植木は正式な宿場町ではないが、大雨や台風で遠賀《おんが》川を渡れなくなった時の為に、宿泊する施設があった。

また、この地には「植木役者」という集団が

かつての町茶屋跡に建てられたみちの郷土史料館(木屋瀬)。

あった。元々は念仏踊りの集団であったが、後に歌舞伎の一座となった。彼ら植木役者は正月申《さる》の日には必ず植木に帰り、日吉神社で奉納踊りをした。この踊りは「三申《みさる》踊り」と呼ばれ、県指定無形文化財ともなっている。

明治時代以降の木屋瀬

ここでは鉄道と宿場町との関係、及び木屋瀬ゆかりの偉人たちについて述べていきたい。時代が江戸時代から明治時代に移り替わると、日本各地で鉄道が敷設されるようになった。

この時代、鉄道は現代の米軍基地のように厄介者と見做《みな》される事が多かった。つまり、線路の敷設や駅舎の建設に、沿線の住民が猛反対したという訳である。例えば、長崎本線久保田駅（佐賀県）の場合、徳万《とくま》宿《しゅく》という宿場町の近辺に駅舎を置く計画が立てられたが、地元住民はその事に猛反対した。その理由は「汽車が通るとその煤煙《ばいえん》で家屋が汚れたり、振動で壁が剥《は》げ落ちたりする」からである。その為、鉄道側は徳万宿とその隣の三日月村との境界線上に駅舎を建てる事で決着を付けたという。

宿場町・木屋瀬を彩る町屋の一つ。

鉄道黎明《れいめい》期には、このような事が多々あった。ところが、久保田駅の隣の牛津《うしづ》駅の場合、鉄道の将来性を見越していた為か、本町と新町のどちらに駅舎を置くかで揉《も》めていたという。その後、鉄道側が両町の中間点に駅を造るという事で妥協が成立したという。鉄道の敷設には全国津々浦々の市町村が反対したのではなく、例外もあったのである。

話を木屋瀬に戻そう。

木屋瀬の住民は、鉄道の敷設に際して

江戸あかりの民藝館（木屋瀬）。これもまた風格のある町家だ。

どのような行動を取ったか。この事が気になったので、二〇〇四年（平成十六年）二月二十五日、漸《よう》く寒さが和らいで来た日に、北九州市立長崎街道木屋瀬宿記念館で学芸員をされている神崎宏士《ひろし》さんにお話を伺った。

筆者の質問は「鉄道が敷設されると宿場町はその存在意義を失うと思うが、木屋瀬を始め全国の宿場町はどのような対策を講じたか」というものである。

その事について、神崎さんはこう仰有《おっしゃ》った。

「全国各地は詳しく分からないのですが、木屋瀬は寧《むし》ろ『鉄道を敷設しないでくれ』と住民の方がいったらしいですね。何故かというと遠賀川の船頭さんが、鉄道が敷設されると運送も全て鉄道に取られてしまって船頭さんの仕事が無くなってしまう、という事があって木屋瀬の船頭さんたちが反対した事によって木屋瀬に鉄道が通らなかった。ですからそれもあって町が衰頽してしまった、というのはありますね」

木屋瀬は、遠賀川の畔《ほとり》に開けた町である。当然船頭も多く住んでいた。それ故に、鉄道が開通すると船頭の仕事が奪われてしまうので、彼らは鉄道の敷設に反対したのである。

現在、ＪＲの駅は木屋瀬に隣接する、直方《のおがた》市の植木にある。駅名は筑前植木という。明治時代から昭和三十年代まで、筑前植木駅の所属する筑豊本線（現・福北ゆたか線）は、石炭の輸送で大いに賑わっていた。しかし、エネルギー源の主流が石炭から石油に取って代わると、筑豊本線も次第に衰頽していった。

ところで、木屋瀬近辺にはもう一本、筑豊電鉄という路面電車が通っている。

筑豊電鉄が開通したのは一九五六年（昭和三十一年）三月二十一日。当初は、黒崎から筑豊地方を通り、博多まで結ぶという計画だった。ところが、石炭産業の斜陽化によってそれまで繁栄してきた筑豊地方が急速に寂《さび》れてしまい、結局線路の敷設は直方までで打ち切りになった。

この路線が木屋瀬にどのような影響を与えたのか気になっていたが、神崎さんによると、それ程大きな影響を与えなかったらしい。ただ、近年になって、筑豊電鉄を利用して木屋瀬に来る観光客が増えてきたという。

このように、近代以降の木屋瀬を語るには、鉄道というキーワードが欠かせないといえよう。

さて、先述の通り、木屋瀬は数多くの偉人を輩出した町でもある。ここでは、明治生まれの木屋瀬ゆかりの偉人について、簡単に述べていこう。

先ずは教育家の野口援太郎（一八六八～一九四一）から。彼は木屋瀬の問屋の息子として生まれた。中学校を卒業して暫《しばら》くは、木屋瀬小学校で教鞭《きょうべん》を執《と》っていたが、その後上京して東京高等師範へ入学。卒業後は兵庫県第二師範の校長に就任した。彼の教育方針は、生徒たちの個性や自立を重視するというもので、後に、「日本のペスタロッチ」とも呼ばれるようになった。

次に理学者の吉田貞雄（一八七八～一九六四）について。彼は寄生虫の研究で有名である。東京帝国大学理科大学動物学科を卒業後、大阪帝国大学理科大学教授に就任し、寄生虫学教室を開いている。

三番目の偉人は力士の九州山十郎（一八八九～一九二七）である。本名は青山十郎。少年時代は遠賀川の川艜《かわひらた》（石炭等を運ぶ為の底の平らな舟）の船頭をしていたが、その後上京し、出羽《でわ》ノ海部屋に入門。一九一七年（大正六年）には故郷の木屋瀬で巡業相撲を行い、その翌年には大関に昇進した。

最後に、放送作家の伊馬春部（一九〇八～一九八四）について述べよう。彼の本名は高崎英雄と

旧高崎家（伊馬春部生家）。仲々の豪邸である。

いう。國學院大學に入学した際、民俗学者で歌人でもある折口信夫《しのぶ》に師事した。戦後、ラジオやテレビが広く普及すると、放送関係の脚本で頭角を現した。代表作は『向こう三軒両隣り』など。また、彼は歌人としても活躍し、宮中歌会始の召人《めしうど》に選ばれた事もあった。

この他、江戸時代（幕末）生まれの偉人に目を向けるなら、絵師の麻生東谷（一八三六〜一九〇八）、同じく絵師の新谷鐵僊（一八六七〜一九五四）、僧侶の渡辺玄外（一八五七〜一九二八）等がいる。

この項では主に、明治生まれの木屋瀬の偉人を取り上げたが、これら幕末生まれの偉人も多大な功績を残している。

ユーモラスな鏝絵《こてえ》が施された町家（木屋瀬）。現在では土産物の店となっている。

木屋瀬の活性化について

毎年十一月三日（文化の日）に、木屋瀬では「筑前木屋瀬宿場まつり」というイベントが行われる。このイベントは、それ程歴史の古いものではないが、木屋瀬の町おこしに一役買っている。

筑前木屋瀬宿場まつりでは、中学校のブラスバンド部の演奏、バナナの叩き売り等、様々な催し物が行われる。その中でも興味深いのは「町並み資料館」と銘打った催しである。これは、木屋瀬に残る旧家の家屋の中や資料、代々伝わる家宝等を一般に公開したもので、訪れる観光客の目を楽しませている。

この他、このイベントでは「みんなで踊ろ

う宿場踊り」というテーマのもと、木屋瀬宿場踊りが行われる。この踊りは元々は盆踊りの一種だが、この日も特別に披露される。

文化の日に行われるのは、宿場まつりだけではない。

石坂では「筑前石坂立場茶屋銀杏屋まつり」が開催される。これは、市指定文化財である銀杏屋の家屋の中で、茶会や句会、切り絵や日本画の展示等が行われるというものである。

この祭りは宿場まつりに比べると、いささか地味なイベントかも知れない。だが、それでも石坂の活性化に一役買っているのである。

更にこの日には、黒崎・石坂・木屋瀬の各地区が連合して「長崎道中膝栗毛《ひざくりげ》」というイベントも行われる。このイベントは、黒崎を出発地点として旧長崎街道を辿り、石坂を経由して木屋瀬に到着するというものである。その間、曲里の松並木を通ったり、銀杏屋で昼食を摂《と》ったりする。

黒崎から木屋瀬までは、総延長が約十四キロメートルである。この道程を一日がかりで歩く訳だが、このイベントは単に脚力を試す為に催されるのではない。街道沿いの神社仏閣等の史蹟《しせき》を郷土史家の方に説明して貰《もら》うという事も実施している。そうする事によって、参加者は郷土の歴史を学んで行くのである。

このように、十一月三日には様々なイベントが催される。これらのイベントは、単に観光客を呼び込む為に催されるのではない。黒崎・石坂・木屋瀬の各地区の住民が、郷土の歴史を再確認し、次の世代に地域の財産を受け継がせていく為に催されるのである。

最後に、余談として木屋瀬の銘菓について触れておこう。

昔、木屋瀬では「ピータラ飴《あめ》」という菓子が造られていた。この飴がどんな物だったのかは、今となっては謎に包まれている。固形の飴なのか、水飴のような物なのかさえ判然としていないのである。また、地域のお年寄りにピータラ飴がどんな物か、お話を伺っても全く要領を得ないという。現在は、木屋瀬宿記念館に包み紙のみが保存されている。

このように、ピータラ飴の正体は判然としないが、もしレシピが発見されて造り方が判明すれば、町おこしの起爆剤になるのではないか、と木屋瀬宿記念館の神崎さんも仰有っている。

現在、全国各地で歴史的町並みの保存が声高に叫ばれている。しかし、その為には単に古い建物を保存しさえすれば良い、という訳には行かない。住民一人一人が地域の文化を継承し、且《か》つ、郷土を愛する心を育む事も必要なのである。

未来に向けて

問屋場跡（木屋瀬）。明治初頭まで、郵便局のような役割りを果たしていた町家である。

ここで少し、木屋瀬に残る建造物を幾つか紹介しよう。

先ずは西構口から。西構口の「西」は、方角を表すのではない。昔の宿場町では、方位に関係なく、上《のぼ》り（江戸の方角）を東、下りを西と表現したのである。現在、西構口は市指定文化財となっている。

次は旧高崎家住宅（伊馬春部生家）について。高崎家は、江戸時代には絞蝋《こうろう》業を営んでいたが、明治に入ると醤油醸造業を営むようになった。建物の内部は現在、伊馬春部に関する資料が展示され、一般に開放されている。

三番目に問屋場跡（野口家）を挙げよう。問屋場は人馬《じんば》継所《つぎしょ》とも呼ばれ、物資の輸送を担当する、いわば郵便局のような場所だった。

問屋場前は人足や馬が常駐する為、道幅が広く取られたという。

最後は東構口付近について述べよう。現在、構口そのものは残っていないが、近くに二つの大きな商家が道を挟んで建てられている。この両家は松本家といい、木屋瀬の町家を知る上で貴重な遺構となっている。

お終《しま》いに、今後の木屋瀬はどうあるべきか記しておこう。

毎年五月のゴールデンウィークの期間に、「木屋瀬芸術祭」というイベントが木屋瀬宿記念館で開催される。この時に、筑前六宿の代表者に集まって貰い「筑前六宿サミット」が催される。その際に「歴史を生かした町づくりはどうあるべきか」等の事が話し合われる。

更に視野を広く持てば、旧長崎街道沿いの福岡・佐賀・長崎の三県に跨《また》がった「町づくり推進協議会」なるものも存在する。また、住民のレベルでは、既に町づくりに関するネットワークがあるという。

現在、木屋瀬は黒崎・直方両都市のベッドタウンとなっている。既に見てきたように、今後はベッドタウンだけでなく、観光にも力を入れつつある。だが、観光地としての町づくりに消極的な住民もいる。何故なら、次のような理由があるからである。

木屋瀬が現在以上に観光地化すると、沢山の人が木屋瀬に来る。すると当然、静かな町が騒がしくなる。故《ゆえ》に閑静な町でいて欲しいと願う人々が、いたたまれなくなるのである。町並みは観光客の為に存在するのではない。その地域の住民一人一人の為に存在するのである。この事は、木屋瀬も例外ではないが、この章の前に筆者が取り上げた門司港についても同様の事がいえる。

今後の木屋瀬の町づくりは、住民の意見を尊重し、且つ、自制を利かせたものである事が求められるだろう。

主な参考文献

秋月街道ネットワークの会編『秋月街道をゆく』（海鳥社）
読売新聞西部本社編『歴史の町並み再発見』（葦書房）
武野要子『悲劇の豪商　伊藤小左衛門』（石風社）
長崎街道木屋瀬宿ガイドブック『時代《とき》の散歩道』
西日本新聞社編『各駅停車全国歴史散歩　福岡県』（河出書房新社）
『国鉄全線各駅停車⑩　九州７２０駅』（小学館）
別冊歴史読本74『全国懐かしの路面電車』（新人物往来社）

【MAP――②】
宿場町・木屋瀬

【宿場町・木屋瀬へのアクセス】

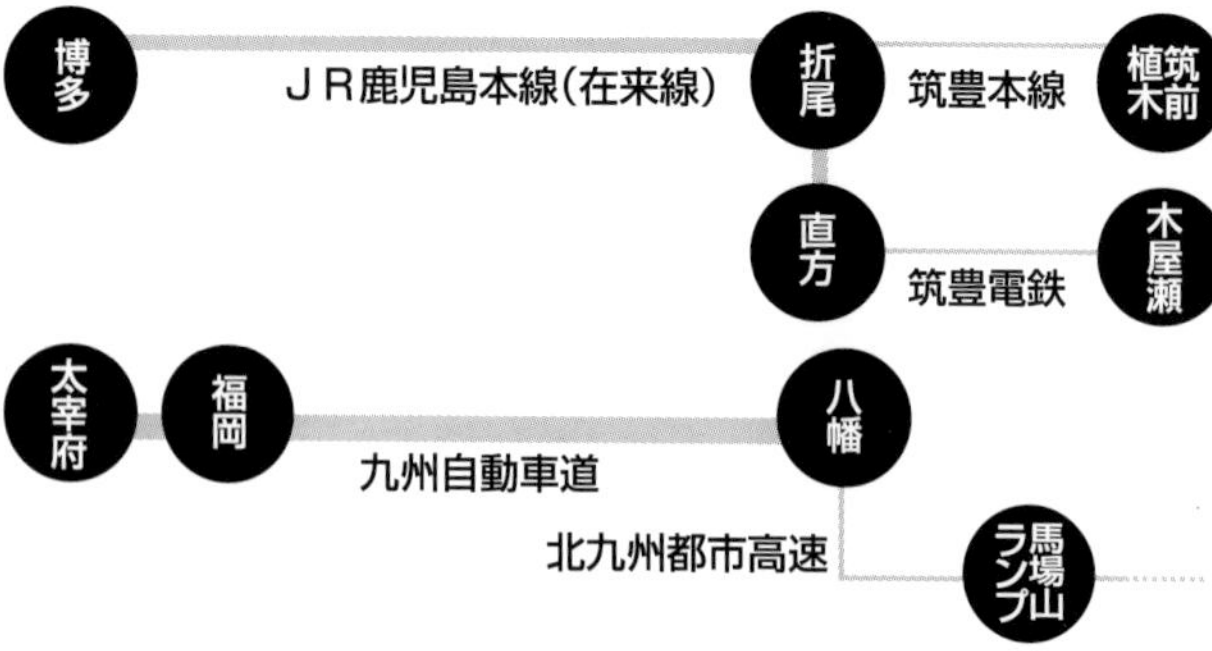

第二章 英彦山坊舎群

英彦山《ひこさん》の歴史

ＪＲ彦山《ひこさん》駅からバスで暫《しばら》く山の中へ進み、「銅《かね》の鳥居《とりい》」というバス停で降りる。そこから奉幣《ほうへい》殿《でん》という神社まで、約一キロメートルに亘《わた》って門前町の町並みが展開している。

一口に「門前町」といっても、映画『男はつらいよ』シリーズの主人公・車寅次郎《くるまとらじろう》の生まれ故郷を連想してはいけない。葛飾柴又《かつしかしばまた》と英彦山坊舎《ぼうしゃ》群とは、性格が大いに異なるからだ。その事は後に詳しく述べよう。

ところで、英彦山の町並みを構成する坊舎の一軒一軒は、吉井や八女《やめ》福島のようないわゆる町家形式の家屋とは異なっている。つまり、道路に面して出入り口があり、通り土間が続き、その奥に中庭があるという構造にはなっていない。農家の家屋や、そこから派生した武家屋敷の家屋のように、門と塀によって外界から隔てられ、敷地の中に広い庭園と住居となる建築物が建てら

英彦山参道入口に聳《そび》え立つ銅《かね》の鳥居。国指定重要文化財でもある。

れている、という構造である。

それ故《ゆえ》に、このような家屋の場合、住居の敷地内に勝手に侵入して写真を撮る、などという事は慎むべきであろう。

では住民の許可を得さえすれば、家屋の写真を撮影して良いのか、というと、これも考えものである。現代は高度情報化社会の御時世である。インターネット等で家屋の写真を世間に広く流布《るふ》させると、何者かがそれを犯罪に利用するという事も考えられる。やはり部外者は外から控え目に写真を撮るか、一般に公開されている家屋（英彦山の場合、財蔵坊《ざいぞう》が公開されている）をたっぷり撮影するかで我慢すべきだろう。

さて、ここで古代から明治初期の排仏毀釈《はいぶつきしゃく》に至るまでの、英彦山の歴史を簡単に解説しよう。

平安時代以前、英彦山は「日子山」と記されていた。これは、祭神が太陽の神である天照大神《あまてらすおおみかみ》の子・天忍穂耳命《あめのおしほみみのみこと》だからである。つまり「日の神の子の山」という訳である。それが平安時代初期の八二二年（弘仁《こうにん》十三年）、嵯峨《さが》天皇の勅命によって「彦山」に改名された。更《さら》に江戸時代中期の一七二九年（享保《きょうほう》十四年）には、霊元《れいげん》法皇により「英」の一字が付け加えられて「英彦山」の名称が成立した。「英」は「優れている」という意味である。

ここまでは英彦山の呼称の変遷について記述したが、では英彦山の歴史そのものについてはどうだろうか。この事について少し書き記しておこう。

英彦山の開山は、五三一年（継体《けいたい》天皇の二十五年）とされている。この年に中国の北魏《ほくぎ》の僧侶・善正が英彦山に入り、開山したと伝えられている。

それとほぼ同時期に、藤原恒雄《ふじわらのかんゆう》という猟師が善正の元に弟子入りした。やがて彼は悟りを開いて、五三八年（欽明《きんめい》天皇の七年）に北岳・中岳・南岳に祠《ほこら》を建立した。余談だが、日本の公的な記録では、この年に百済から仏教が伝来したとされている。それはともかく、恒雄は悟りを開いた後も英彦山に留《とど》まり続け、後に忍辱上人《にんにくしょうにん》と名を代えた。そして彼は現在の英彦山神宮のある場所に草庵を構えたといわれている。最近の韓国の研究では、この恒雄は朝鮮神話に登場する檀君《だんくん》の父・恒雄《かんゆう》と同一の神ではないかとの説もある。つまり、朝鮮神話の中のエピソードが九州にも

奉幣殿まで延々と続く石畳の参道。

伝播し、恒雄の伝説となったという訳である。

ここで話は変わるが、日本では昔「本地垂《ほんじすい》迹《じゃく》説」という宗教的な説が信じられていた。これは、日本の神々は全て、人々を救済する為に仏や菩薩《ぼさつ》が化身したものだと考える説である。例えば、仏である釈迦《しゃか》如来は、神である伊弉諾尊《いざなぎのみこと》と同一視されている、などといった事である。また、本地垂迹説は、「権現《ごんげん》思想」とも呼ばれ、「権現」は神仏の尊号としてもよく使われている。

英彦山でも、この思想は広く信じられた。

英彦山には、南岳（俗体《ぞくたい》岳）・中岳（女体《にょたい》岳）・北岳（法体《ほったい》岳）という山があるが、それぞれの山に祀《まつ》られている仏（或《ある》いは神）は釈迦如来（伊弉諾命）・千手観音（伊弉冉命《いざなみのみこと》）・阿弥陀如来（天忍穂

英彦山の坊舎の一つ、浄境坊。山伏の住居（坊舎）には「○○坊」と名付けられている場合が多い。

耳命）である。

このような、神を仏や菩薩の化身と捉える本地垂迹説が誕生し、全国各地に広まるようになったのは、平安時代になってからである。この、別名を権現思想とも呼ばれる説が信じられている場所には、英彦山三所権現の他に、蔵王《ざおう》権現（山形県・宮城県）・熊野権現（和歌山県）等がある。

時代を降《くだ》って鎌倉時代になると、英彦山修験道が興隆する。この時代になると四十九カ所の修行窟《くつ》が造られ、年中行事も整ったなどという事が『彦山流記《るき》』に記されている。

更に一三三三年（元弘《げんこう》三年）には、後伏見《ごふしみ》天皇の息子である助有法親王が英彦山の座主《ざす》（寺を取り締まる高僧）となった。この頃になると山伏の組織も体系化され、英彦山は九州一円から広く信仰を集めるようになったという。

こうして鎌倉時代から室町時代にかけて、英彦山は大いに繁栄したが、戦国時代になると状況が一変する。

一五六八年（永禄《えいろく》十一年）と、一五八一年（天正《てんしょう》九年）の二度に亘って、英彦山は豊後《ぶんご》の大友宗《そう》麟《りん》による武力行使を受けたのである。これによって数多くの建築物や、仏像等が灰燼《かいじん》に帰してしまった。宗麟による二度目の武力行使から六年後の一五八七年（天正十五年）には、豊臣秀吉が九州を平定する。その際英彦山も、広大な神領（神社に付属している土地）を全て没収されてしまった。

このように、戦国時代には英彦山は荒廃してしまった訳だが、江戸時代になるとかの地は復活し、第二の繁栄の時代を迎える事となった。

一六〇〇年（慶長《けいちょう》五年）の関ヶ原の戦いの後、豊前《ぶぜん》の細川忠興《ただおき》は英彦山の復興に積極的に努め、一六一六年（元和《げんな》二年）には大講堂（現在の英彦山神宮奉幣殿）を再建した。

英彦山の復興に尽力したのは細川氏だけではない。筑前の黒田氏や、肥前の鍋島氏も英彦山を信仰していた。殊《こと》に鍋島氏は信仰が篤《あつ》く、鍋島勝茂が藩主だった一六三七年（寛永《かんえい》十四年）には、先述の銅の鳥居を寄進している。

江戸幕府開府からおよそ百年経った、一六九六年（元禄《げんろく》九年）には、英彦山は「天台修験別本山」

の地位を得た。この頃になると、英彦山の檀家の数は四十二万戸に達したという。

更に一七二九年(享保《きょうほう》十四年)に、霊元法皇によって「英彦山」という名称が成立した事は、この項の冒頭近くで述べたとおりである。

ともあれ、江戸時代には英彦山は大いに繁栄した。ところが、江戸時代が終わり明治時代に入ると、またもや状況が一変する。

一八六八年(明治元年)に神仏分離令が発令され、更に一八七一年(明治四年)には、修験道が禁教となったのである。こうして、英彦山の修験道の歴史は終止符を打った。

ここまで見てきたように、英彦山の歴史は波瀾に富んでいる。かの地の歴史をより深く調べてみるのも一興であろう。

英彦山の信仰

明治時代初頭、日本で「排仏毀釈」という運動が起きた。これは読んで字の如く、仏教を排斥しようとする運動で、日本独自の宗教である神道が国教となる過程で起こった。この時期、日本では数多くの仏閣が取り毀《こわ》されたという。また、神社に附属していた寺院も分離された。

昔ながらの坊舎の面影を残す財蔵坊(県指定重文)。江戸時代末期に建設されたらしい。

但《ただ》し、排仏毀釈の運動は一過性のブームに過ぎなかったらしく、明治中期頃にはこの運動は尻すぼみとなってしまった。

ところで、英彦山の信仰とは一体どのようなものだったのか。これを解明する為に、二〇〇四年(平成十六年)四月十四日、霧の深かった日に英彦山に赴き、観光ガイドボランティア等をされている早田利光さんにお話を伺った。

筆者が特に知りたかった事は、英彦山の山伏についてである。この事について、早田さんはこう仰有《おっしゃ》った。

「英彦山は三つの組織から出来ています。一番頂点は座主、この下に組織が三つあったと思って下さい。神を司《つかさど》る山伏、仏を司る山

英彦山には坊舎だけでなく、門構えも立派な家も多い。この増了坊もその一つだ。

伏、修験道の三派の組織で出来ています」

要するに、英彦山の山伏には神道系山伏・仏教系山伏、そして修験者の三種類がいた訳である。

修験道について、更に詳しく早田さんにお話を伺ったところ、次のような事が判った。

修験道というものは、厳しい修行を行い、それによって超能力を身に付ける宗教だという。修験道系の山伏は、その超能力を雨乞《あまご》い等に役立てていたらしい。

修験道は神道でも仏教でもない。開祖は、役《えん》小角《のおづぬ》だといわれている。この人物については詳細は判っていないが、英彦山の歴史や信仰を調べる上で無視出来ない人物といえよう。

ところで、英彦山には鬼や天狗にまつわる

伝説が幾つかある。その為、英彦山の南参道にある玉屋神社は「鬼神社」という別名で呼ばれる事もある。

鬼にまつわる伝説を一つだけ紹介しよう。

参道を登って疲れたなら、この旧英彦山小学校で休憩すると良い。現在では土産物店や資料館等が併設されている。

昔、鬼たちが英彦山に棲《す》み着こうとしていた。「この地に鬼たちが居据《いすわ》ったら、近隣の村々が荒らされる」。こう懸念した英彦山権現は一計を案じ、鬼たちと「夜明けまでに自分たちの棲処《すみか》を建てられたらここに居ても良い。だが、それまでに完成しなかったら英彦山から出ていってもらう」と約束した。そこで鬼たちは岩石を積み上げて家を建てようとしたが、完成間際になって暗闇の中から鶏の啼《な》き声が聞こえた。鬼たちは夜が明けたと思い、すごすごと英彦山から去っていった。鶏の啼き声は、実は鬼たちを英彦山に居着《いつ》かせまいとした権現が発していたという。鬼たちが立ち去る際、悔し紛れにへし折って逆さにして地面に突き刺したとされる杉の木が現

英彦山は冬、雪が積もった時が最も美しい。写真を撮った時期は初夏だが、この坊舎も雪化粧するとさぞかし素晴らしい事だろう。

在「鬼杉」と呼ばれ、国の天然記念物に指定されている。

最後に、英彦山の郷土玩具「英彦山ガラガラ」について少しだけ触れておこう。

英彦山ガラガラは全体が白或いは土色で、赤と青の丸を描き入れた素朴な土鈴《どれい》である。また、この土鈴は日本最古の土鈴といわれ、その起源は奈良時代以前にまで遡《さかのぼ》るという。

英彦山ガラガラは、ごく最近までは苗代の水口《みなくち》に埋めて豊作を祈願する呪術的な道具として使われていた。しかし現在では、家の玄関に吊るす魔除《まよ》けとして使われる事が多い。この土鈴は誰にでも気軽に買える英彦山の土産といえよう。

以上、英彦山の信仰や伝説等を駆け足で紹

介した。

英彦山の町並み

ここでは、英彦山の建築・庭園等について述べていこう。

先ずは英彦山の建築から。

英彦山の建築物は、神社建築と宿坊建築とに大きく分けられる。そこで先ずは、神社建築から取り上げてみよう。

英彦山参道の入口に、銅の鳥居が建てられている。この鳥居が一六三七年（寛永十四年）に鍋島勝茂の寄進によって建てられた事は、既に述べた通りである。銅の鳥居は青銅製で、高さ約七メートル、柱回りは約三メートルもある。現在、この鳥居は国の重要文化財に指定されている。

銅の鳥居からほんの僅《わず》かに登った場所に、下ノ宮、或いは旅殿《りょでん》と呼ばれる建物がある。ここには雲輝《うんき》殿という大仏殿も建てられていたが、現在では大仏殿は残されていない。

更に参道を登り、銅の鳥居と奉幣殿の中間辺りに辿り着くと、石の鳥居が見えてくる。この鳥居は、佐賀鍋島藩の二代目藩主・鍋島光茂が献納したという。

参道を登り切った場所に建立されているのが奉幣殿(英彦山神宮)である。ここには江戸時代まで、霊仙寺《りょうぜんじ》という寺院があった。しかし、明治初期の神仏分離令によって霊仙寺は解体され、神社建築である奉幣殿のみが残されたのである。

現在、奉幣殿は銅の鳥居と同様、国指定重要文化財となっている。

この他にも英彦山には、上宮《じょうぐう》・中宮《ちゅうぐう》・下宮《げぐう》等の神社建築が残されている。

奉幣殿から少し石段を登った所に、下宮という神社がある。下宮は、下津宮《しもつぐう》とも北山殿《きたやまでん》とも呼ばれている。祭神は大国主命《おおくにぬしのみこと》。現在残されている社殿は一八五七年(安政《あんせい》四年)、佐賀藩主の鍋島閑叟《かんそう》の寄進で建てられた。

次に中宮について。

下宮から更に山を登った所に中宮がある。中宮は中津宮《なかつぐう》とも呼ばれている。この神社の祭神は市杵島姫命《いちきしまひめのみこと》。中宮もまた、下宮と同様に鍋島閑叟の寄進によって建てられた。この神社の社殿は一九九一年(平成三年)、台風によって倒潰《とうかい》したが、現在は再建されている。

最後は上宮について書き進めよう。

中岳の山頂、標高一一八八メートルの所に、上宮が建てられている。この神社の社殿は、前記の下宮・中宮とは異なり、鍋島斉正《なりまさ》という人物によって一八四二年(天保《てんぽう》十三年)から三年間に亘

顕揚坊《けんよう》。ここまで来ると奉幣殿まであと少しだ。

英彦山神宮奉幣殿。古代より人々の信仰を集めて来た崇高な社《やしろ》である。

って建てられた。その後、一九三一年（昭和六年）に大幅な改修が施され、現在に至っている。

この他にも英彦山には様々な神社建築があるが、全てを記すと切りが無いので割愛する。

さて、英彦山には神社建築の他に、宿坊建築も数多く残されている。宿坊建築によって構成される町並みが、英彦山の独自性を醸《かも》し出しているといっても過言ではない。そこで今度は英彦山に残る宿坊建築について、簡単に説明しよう。

英彦山参道に並ぶ宿坊建築には、大抵二つの特徴的な部分が備えられている。

一つは、位《くらい》の高い武士や高僧等を泊める為の部屋「客殿」がある。この客殿は宿泊だけでなく、加持祈祷《かじきとう》の場ともなる。

もう一つは、一般の信者（檀家）の宿泊する部屋「内証《ないしょう》」の存在である。内証は、坊舎の住民が普段生活する場所でもあった。

このような特徴を持つ英彦山の坊舎の一つである財蔵坊は添田《そえだ》町によって買い取られ、現在町立民俗資料館となっている。しかし、この資料館はどういう訳か、閉館日が多い。この事は何とかしなくてはならないだろう。

ところで、財蔵坊の屋根は茅《かや》で葺《ふ》かれている。しかし、それ以外の坊舎の屋根は、トタン葺きが殆《ほとん》どである。茅葺きの屋根は火災に遭《あ》った時に燃え易《やす》く、町全体が大火事になる危険性が高い。それ故に、現在の英彦山の坊舎の屋根は、トタン葺きが多いのである。

筆者はトタン葺きを茅葺きに戻せとは主張しない。これも時代の趨勢《すうせい》と思うからである。

次に、英彦山の庭園について述べよう。

英彦山では、坊舎が改築されたり取り毀《こわ》されたりしても、庭園だけがそのまま残されている場合が多い。中には橋本坊跡のように、住民がいなくなり、坊舎も消滅しても庭園のみが残されている所もある。だからといって、無人となった坊舎跡でも庭園に勝手に立ち入るような事は、慎むべきである。どうしても庭園の写真を撮りたい場合は、英彦山の所属する自治体である添田町の役場に問い合わせをすると良いだろう。

さて、ここから本題に入る。

室町時代に、雪舟《せっしゅう》（一四二〇～一五〇六）という僧侶がいた。彼は、数多くの水墨画を遺《のこ》し「画聖」とも称されている。

また、雪舟は水墨画のみならず、庭園造りに於《お》いても数多くの足跡を遺《のこ》している。

雪舟作といわれている庭園は、全国各地に存在する。しかし、それら全てが雪舟の造成したものではなく、彼の影響を受けた庭師の手によるものも少なくないようである。

英彦山にも、雪舟が造成したとされる庭園が存在する。その庭園は、亀石《かめいし》坊跡に造成されたものである。

亀石坊跡の庭園は「池泉《ちせん》観賞式」と呼ばれている。つまり、庭の中に池があり、その池の中や周囲に庭石を配置したものである。尚《なお》現在、この庭園は国指定名勝となっている。

この他にも英彦山には、一見に値する庭園が数多く存在する。その代表的なものは、政所坊跡・顕揚坊・楞厳《りょうごん》坊・旧座主院・旧曼殊院《まんしゅいん》等の庭園である。これ等の庭園は、安土《あづち》桃山時代から江戸時代初期に亘って造成された。

最後に、庭園を造った人々について。

日本の庭園は、平安時代から真言宗や天台宗の下級僧侶たちによって造られてきた。彼ら下級僧たちは「石立僧《いしだてそう》」とも呼ばれていた。雪舟もまた、石立僧たちから庭園造りの知識や技術を学んだと思われる。

この他、建築や庭園以外にも英彦山には数多くの文学碑や、手付かずの自然が遺《のこ》されている。

英彦山の今後

現在、全国各地の農村・山村・漁村等で過疎化が進んでいる。英彦山も例外ではない。少子高

郵便はがき

料金受取人払

福岡中央局
承認

138

差出有効期間
2010年3月31
日まで

810-8790

157

(受取人)
福岡市中央区渡辺通二―三―二四
ダイレイ第5ビル5階

石風社

読者カード係 行

注文書◆ このハガキでご注文下されば、小社出版物が迅速に入手できます。(送料は250円、定価総額5000円以上は不要です)

書　名	本体価格	部　数

＊郵便振替用紙を同封しますので、送金手数料は不要です。

ご愛読ありがとうございます

＊お書き戴いたご意見は今後の出版の参考に致します。

福岡の歴史的町並み

ご氏名《ふりがな》	（　　歳） （お仕事　　　）
〒 ご住所	☎　（　　）

●お求めの書店名　　●お求めのきっかけ

●本書についてのご感想、今後の小社出版物についてのご希望、その他

月　　日

齢化が進んだ結果、百年以上の歴史を誇る英彦山小学校も二〇〇二年（平成十四年）に廃校となってしまった。そんな英彦山の今後は、どうあるべきだろうか。

英彦山坊舎群は、市街地からかなり離れている。また、大雪が降ったりすると、バスの通行も困難になってしまう。それ故に木屋瀬《こやのせ》のような、ベッドタウン化も難しいだろう。

そうなると、残るのは観光地化である。現に、英彦山ではここ最近、観光地化に積極的に取り組んでいる。

その中でも英彦山観光地化の切り札ともいうべきものが、二〇〇五年（平成十七年）十月十日に開通したスロープカーである。

スロープカーは、英彦山参道入口・旧英彦山小学校・奉幣殿を結ぶ鉄道で、それぞれ幸（ボヌール）駅・花（フルール）駅・神（ディウ）駅と、何故かフランス語の駅名がつけられている。

英彦山を訪れる観光客は、足腰の丈夫な人間だけとは

スロープカー幸（ボヌール）駅。この鉄道の開通によって、高齢者でも気軽に奉幣殿まで参拝出来るようになった。

限らない。高齢者もいれば、車椅子の手離せない人もいるだろう。スロープカーの開通によって、このような身体にハンディキャップを負った人々も、気軽に英彦山を訪れる事が出来るようになったのである。

ところで、筆者はこの章の冒頭で「葛飾柴又と英彦山坊舎群とは、性格が大いに異なる」と記した。その理由はもう判っていただけただろう。英彦山参道に展開する町並みは、全国的に見ても珍しい、純粋な信仰の町なのである。

最後に、英彦山の町並み保存や観光による活性化等の課題は、門司港や木屋瀬とは異なる方法が必要となる。しかし、それらの事は英彦山の住民一人一人にとっては、やり甲斐のある課題といえるだろう。

主な参考文献

白石直典『英彦山と山麓物語』（西日本新聞社）
長野覺・朴成壽編『韓国・檀君神話と英彦山開山伝承の謎』（海鳥社）
香月靖晴　他『筑豊を歩く』（海鳥社）
読売新聞社西部本社編『歴史の町並み再発見』（葦書房）
西日本新聞社編『各駅停車全国歴史散歩・福岡県』（河出書房新社）

【MAP——③】
英彦山坊舎群

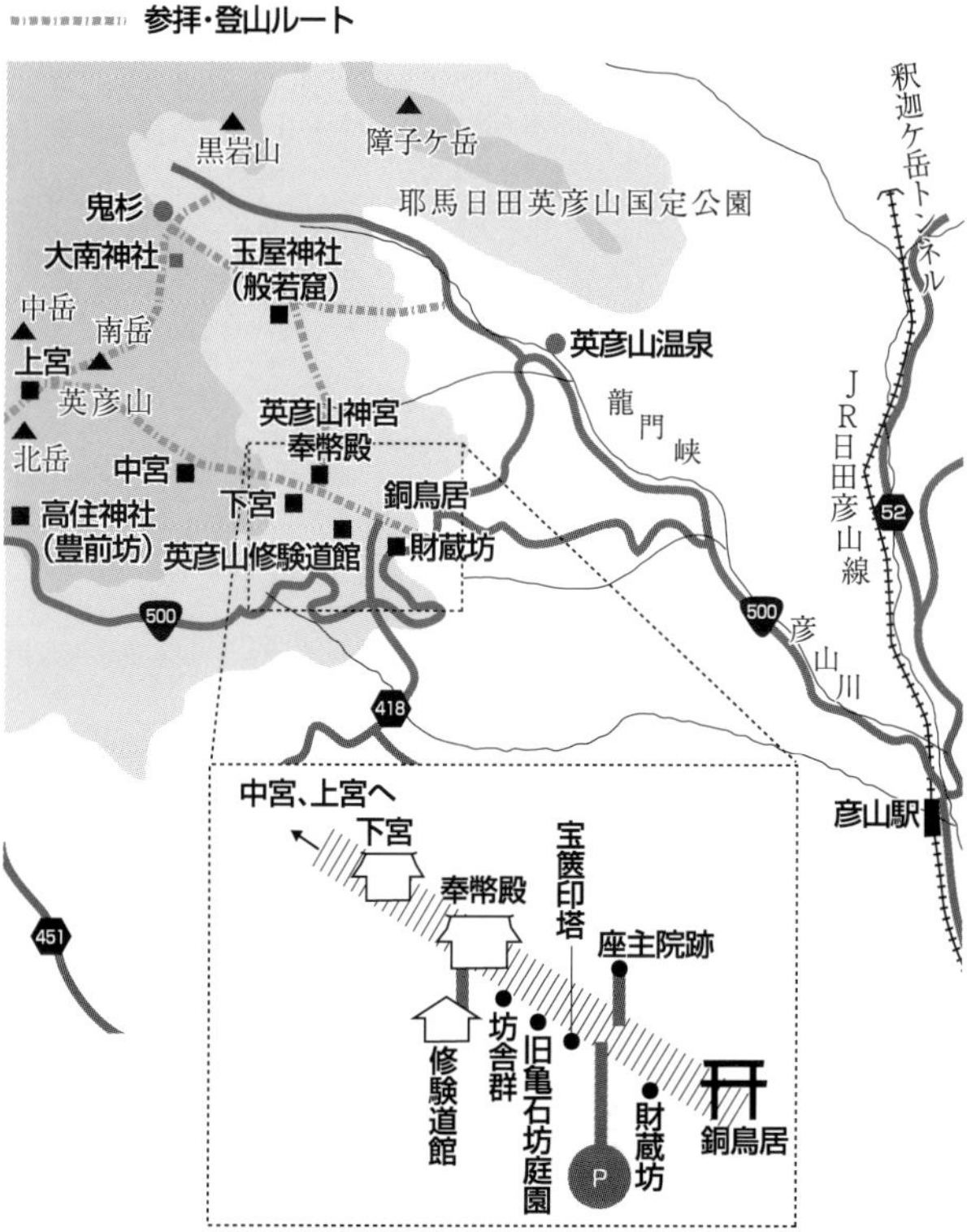
参拝・登山ルート
黒岩山
障子ケ岳
耶馬日田英彦山国定公園
鬼杉
大南神社
玉屋神社
（般若窟）
中岳
南岳
上宮
英彦山
北岳
英彦山温泉
龍門峡
英彦山神宮
奉幣殿
中宮
下宮
銅鳥居
高住神社
（豊前坊）
英彦山修験道館
財蔵坊
500
418
451
52
彦山川
釈迦ケ岳トンネル
JR日田彦山線
彦山駅
中宮、上宮へ
下宮
奉幣殿
宝篋印塔
座主院跡
修験道館
坊舎群
旧亀石坊庭園
財蔵坊
P
銅鳥居

【英彦山坊舎群へのアクセス】

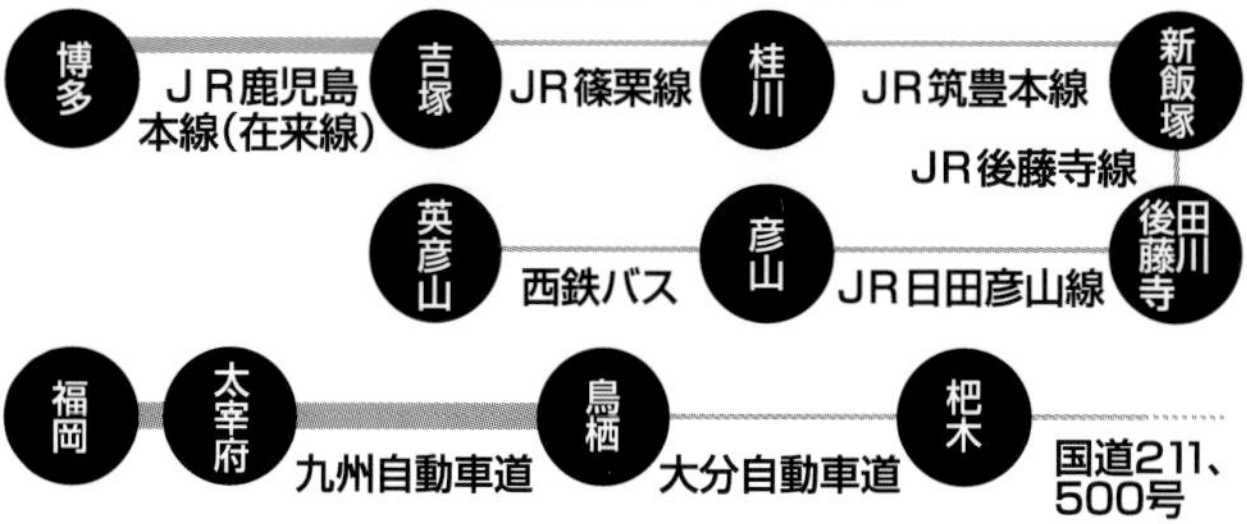
博多
ＪＲ鹿児島本線（在来線）
吉塚
JR篠栗線
桂川
JR筑豊本線
新飯塚
JR後藤寺線
田川後藤寺
JR日田彦山線
彦山
西鉄バス
英彦山
福岡
太宰府
九州自動車道
鳥栖
大分自動車道
杷木
国道211、500号

第四章……博多の下町

博多湾メガロポリス

福岡市東区箱崎《はこざき》から同西区姪浜《めいのはま》まで、一種の「メガロポリス」を形成しているのではないだろうか。

「メガロポリス」は、複数の都市が帯状に連なった地帯の事をいう。元々はボストンやニューヨーク、フィラデルフィア等、アメリカ合衆国東部の帯状に連なった大都市群を指す言葉だが、日本でもこの言葉が応用され、「東海道メガロポリス」なる言葉が生まれた。

東海道メガロポリスは、東京・名古屋・大阪の三大都市を中心とした都市群であるが、では、博多湾沿岸に形成された「メガロポリス」は、一体どのようなものだろうか。

この「博多湾メガロポリス」の中核となる町はいうまでもなく、博多（JR博多駅から北）と福岡（現在の福岡市中央区にほぼ相当する）である。この二つの町の周囲を、箱崎・西新《にしじん》・住吉・姪浜等の町が取り巻いている。

筥崎《はこざき》八幡宮の門前町・箱崎と、リヤカー部隊で有名な西新は、市内でも指折りの観光地である。

筥崎八幡宮は、九二三年（延長《えんちょう》元年）に創建された。祭神は応神《おうじん》天皇・神功《じんぐう》皇后・玉依姫命《たまよりひめのみこと》。箱崎の町は毎年九月十二日から十八日にかけての放生会《ほうじょうや》の際には、県内外からの多くの観光客で賑わう。

一方、西新の名物といえばリヤカー部隊である。福岡市近郊（主に早良《さわら》区や糸島半島）の農家のおばさんたちが野菜や果物・花卉《かき》等をリヤカーに載《の》せ、西新中央商店街でそれらを売り捌《さば》くというのがリヤカー部隊の一般的なスタイルである。

この二つの町は、下町情緒を色濃く醸《かも》し出している町である。しかし、下町情緒なら他の町も負けてはいない。

例えば、博多区の住吉には住吉神社がある。住吉神社は、伊弉諾命《いざなぎのみこと》が穢《けが》れを清めた際に誕生した、底筒男神《そこつつのおのみこと》・中筒男神《なかつつのおのみこと》・表筒男神《うわつつのおのみこと》を祭神としている。これらの神々

福岡観光の出発地点、博多駅。現在、2011年（平成23年）の九州新幹線全線開通に合わせて改築中である。

今や福岡でも屈指の観光地であるキャナルシティ博多。

は、航海の神として信仰されている。

住吉にはもう一カ所、楽水園《らくすい》という名所がある。これは明治時代に建てられた博多の商人・下澤善右衛門親正《ぜんえもんちかまさ》の別荘を一般に開放したもので、四季折々の自然や茶の湯等が愉《たの》しめる。

更《さら》に、キャナルシティ博多の存在も忘れてはいけない。福岡市の地図をよく見ると、住吉の北端にキャナルシティ博多がある。この建造物は歴史こそ古くないが、今や福岡でも屈指の観光名所となっている。そんな名所が博多ではなく住吉にあるのだから、住吉の住民はもう少し自慢に思っても良いのではないだろうか。などと冗談めかして書いたが「博多」の名が付いた名所が住吉にあるというのは一寸《ちょっと》面白いと思う。


最後は姪浜について。

江戸時代、この地は姪浜村（農村）・姪浜浦（漁村）・姪浜宿《しゅく》（宿場町）の三つの区画に分かれていた。この時代には「姪浜千軒」と称されていたが、現代でも往時を偲ばせる町並みが一部残され

住吉神社。拝殿は江戸時代に建立されたものだが、その建築様式は「住吉造り」という特殊な様式である。

楽水園外観。塀は博多独特の「博多塀」と呼ばれるものである。

ている。

現在、姪浜は観光には特に力を入れていない様子である。だが、この町の北部には今は巨大なベッドタウンがある。それ故《ゆえ》に、別に観光に頼ったりしなくても姪浜の町は経済的には潤《うるお》っているのかも知れない。

更に、姪浜からバスで十五分程行った場所には「マリノアシティ福岡」及び「ピアウォーク」という大型ショッピングモールがあり、地元のみならず福岡県内外から買物客を呼び込んでいる。また、この地には「エバーグリーンマリノア」という娯楽エリアがある。このエリアには東洋一の大観覧車があるなど、ショッピングだけでなくレジャー施設も充実している。

これらの施設もまた、姪浜の所属する福岡市西区の貴重な収入源となっている。

以上、「博多湾メガロポリス」を構成する箱崎・西新・住吉・姪浜の四つの町の特徴等を解説したが、これらの町に共通するのは、「太平洋戦争の際の戦禍を免《まぬが》れた」という点である。それ故に、これらの町には古い木造の民家や、狭い路地等が数多く残されている。「百聞は一見に如《し》かず」という諺《ことわざ》もあるので、実際にこれらの町に足を運んで下町の情緒を満喫する事をお奨《すす》めしよう。

ここまでは博多と福岡の周辺に位置する町を取り上げたが、では「博多湾メガロポリス」の中核を成す、博多と福岡は一体どんな町だったのだろうか。

古代から戦国時代末期までの博多は、中央部が括《くび》れた瓢箪《ひょうたん》のような形をしていた。その括れた中央部は入江や湿地帯になっており、そこを境に博多の町は息浜《おきのはま》と博多浜に分かれていた。

博多浜には十二世紀初頭、櫛田神社が建立《こんりゅう》され、十二世紀末には聖福寺《しょうふくじ》が建立された。中世の博多浜の町並みは、この二つの寺社を中心として展開していたといっても過言ではないだろう。

更に、一二四二年（仁治《にんじ》三年）には中国系の商人（綱首《ごうしゅ》）・謝国明《しゃこくめい》の援助によって、承天寺《じょうてんじ》が創建された。この寺院は臨済宗東福寺派に所属し、開祖は聖一国師《しょういちこくし》円爾《えんに》（弁円《べんえん》）である。

承天寺はまた、博多祇園山笠にゆかりのある寺院でもある。一二四一年（仁治二年）、当時博多には疫病が流行《はや》っていた。そこで聖一国師は疫病を退散させる為、施餓鬼棚《せがきだな》に乗り、町人たちに担がせて甘露水《かんろすい》を撒《ま》きながら町内を廻ったという。これが博多祇園山笠の起源だといわれている。

こうして中世の博多の町には、現代まで存続する寺社や祭祀が次々と誕生した訳だが、元寇《げんこう》を境に状況が一変する。

一二七四年（文永《ぶんえい》十一年）、元、高麗の連合軍約二万八千人が博多に来襲し、かの地は甚大な被害を受けた。この時、博多の町のみならず、筥崎宮等も戦火によって焼失した。この時の戦を「文

博多っ子の総鎮守、櫛田神社。写真を撮った頃は地震の為、修復中であった。

永の役《えき》」という。

それから七年後の一二八一年（弘安《こうあん》四年）、またもや元の大軍約十四万人が攻めてきた。しかし、この時は石築地《ついじ》に阻《はば》まれ、更に暴風雨の為に結局元軍は撤退を余儀無くされた。この時の戦は「弘安の役」と呼ばれている。

元が博多に来襲した理由は恐らく、商業や金融、流通等で繁栄する都市を牛耳《ぎゅうじ》る事が出来れば、軍事面のみならず経済面でも他の国より有利な立場に立てるという判断があったからだろう。

二度に亘《わた》る元寇の後、博多に在住していた中国系商人たちも、迫害を恐れた為か、次々と日本に帰化したり本国に帰ったりしたという。また、中国や朝鮮との貿易の拠点も、博

博多の古刹の一つ、承天寺。山笠発祥の地であるが、饂飩《うどん》、蕎麦《そば》発祥の地でもある。

多浜から息浜に移っていった。

時代が降《くだ》って室町時代中期、応仁《おうにん》の乱を端緒として今度は日本全土が未曾有《みぞう》の混乱に巻き込まれる。所謂《いわゆる》戦国時代の幕開けである。

この時代はまた、日本が初めてヨーロッパの文明に接触した時代でもあった。ヨーロッパからは様々な事物が齎《もたら》されたが、代表的なものは鉄砲とキリスト教であろう。

鉄砲については割愛するが、この時代には博多にもキリスト教が伝わった。戦国時代も末期になると、博多（息浜）にイエズス会の教会が建立されたという。

さて、そんな博多も戦国時代には幾度か戦渦に巻き込まれた。しかし、豊臣秀吉が天下を取ると、博多にも漸《ようや》く平和が蘇《よみがえ》った。

この時期、博多浜と息浜との間の入江や湿地帯も次第に埋め立てられ、博多の町はほぼ現在の形となった。

それだけではない。豊臣秀吉は博多の町を復興させる為に、都市計画を打ち立てた。所謂《いわゆる》「太閤町割《まちわり》」である。

太閤町割は、石堂川《いしどう》と那珂《なか》川との間の地域で行われた。この地域の中に小路を縦横に引き、十数町の町を一括《くく》りにして、七カ所の「流《ながれ》」が作られた。その七つの流は、次のような名称である。

呉服町流・東町《ひがしまち》流・西町《にしまち》流・土居《どい》流・須崎《すざき》流・石堂流・魚町《うおまち》流。

この七つの流が基本単位となって、博多祇園山笠や博多松囃子《まつばやし》（博多どんたくの前身）等の祭事が行われた。

こうして博多の町並みの景観は、太平洋戦争時に空襲の被害を受けるまで、連綿と続いたのである。

後半は城下町福岡について。

福岡（現在の福岡市中央区）の歴史は、博多と比べるとそれ程古くはないと思われ勝《が》ちだが、近年になって鴻臚館《こうろかん》跡がこの地で発掘されるなどしてマスコミを賑わせている。

鴻臚館は八二〇年（弘仁《こうにん》十一年）に改名されるまでは「筑紫館《つくしのむろつみ》」と呼ばれていた。元々、この建築物は、新羅《しらぎ》や唐の商人や外交官をもてなす為の施設だったという。しかし、唐が滅び宋が興《おこ》ると、宋の商人たちは博多に貿易の拠点を置くようになった。更に、一〇四七年（永承《えいしょう》二年）には放火に遭《あ》い、鴻臚館は衰頽《すいたい》していったのである。

福岡が再び歴史の表舞台に登場するのは、江戸時代初期の頃である。

関ヶ原の合戦の後、豊前中津《ぶぜんなかつ》を治めていた武将・黒田長政は筑前《ちくぜん》に入り、博多の隣の福崎に城を置く事にした。そしてこの地を黒田氏発祥の地（現・岡山県瀬戸内市長船町福岡）に因《ちな》み「福岡」と名付けた。

長政はまた、職人を中核として福岡に住民を集めていた。その職人というのは、刀鍛冶《かたなかじ》など戦略物資の生産に携わる職種の者が多かった。これは長政が「治に居《い》て乱を忘れず」という思想を持っていたからであろう。

このように、長政は新興の城下町・福岡に手工業機能を持たせたが、その一方で、古代からの商業都市・博多には商品流通機能を持たせた。つまり、博多から福岡に商人を根刮《ねこそ》ぎ持っていこうとせず、このような政策によって博多の商人たちを懐柔しようとしたのである。

黒田長政のこれらの政策によって、博多と福岡は車の両輪のようにお互いに発展していったのである。

日本最古の禅寺、聖福寺。かつては御供所町一帯に、広大な寺領を所有していた。

御供所《ごくしょ》地区

博多の歴史に言及した書籍は数多く出回っているが、かの地の町並み保存や町づくり等を記した書籍は意外に少ない。この項では博多の町づくりや町並み保存について、筆者なりに書き進めようと思う。

さて、ここでは主に、御供所町と上《かみ》呉服町について言及する。というのも、この二カ所は太平洋戦争の際の空襲を免れた地域であり、江戸時代から明治・大正・昭和初期の町並みの面影がよく残されているからである。

御供所町は、寺院の多い町である。博多の地図を見ても、聖福寺を筆頭として節信《せっしん》院・順心院・永寿《えいじゅ》院・圓覚《えんかく》寺・妙楽《みょうらく》寺・乳峰《にゅうほう》禅

博多町家ふるさと館。御供所《ごくしょ》地区の建物ではないが、下町の面影を現代に伝える貴重な町家である。

寺・東長寺《とうちょう》などの寺院が町内に犇《ひし》めき合っている。

御供所町に何故これ程多くの寺院が建立されたのか。その答えは、江戸時代初頭に遡《さかのぼ》って考えてみると分かりやすい。

一六〇〇年（慶長《けいちょう》五年）、筑前に入った黒田長政が福崎の地に城を築き、城下町を造成した事は既に述べたとおりである。その際、長政は中世からの名刹《めいさつ》である聖福寺を中心に、多数の寺院を建立した。これらの寺院群は、戦の際敵が御笠《みかさ》川方面から侵入してきたら、この地に兵を集め、侵略を喰い止める為に建立された。

つまり、別名を「寺町」ともいうこの界隈《かいわい》の寺院群は、宗教的というよりも寧《むし》ろ軍事的

御供所で見つけた町家。狭い土地を無駄無く利用している。

な意味合いによって建立されたのである。

しかし、江戸時代に入り、天下泰平の世となると、御供所町の寺院群の軍事的な意味合いは次第に薄れていった。そして江戸時代後期には、仙厓義梵《せんがいぎぼん》（一七五〇〜一八三七）等の名僧が現れ、これらの寺院群は庶民に親しまれていったのである。

次に呉服町について。

現在、呉服町は上《かみ》・中《なか》・下《しも》の三つの町に分かれている。しかし、昔はこの三つの呉服町の中には数多くの町があった。その町というのは魚町・中小路町・西門《せいもん》町・普賢堂《ふげんどう》町など、枚挙に遑《いとま》が無い程である。これらの町名は、一九六二年（昭和三十七年）に「住居表示に関する法律」が公布され、福岡市で一九六六年（昭和四十一

上呉服町の町並み。この辺りは空襲の被害を免れた為、昔ながらの町家が残されている。

年）にその法律が施行された際に消滅していったのである。

上呉服町・中呉服町・下呉服町には、戦災を免れた古い町並みが随所に残されている。その中でも歴史的な町並みがよく残されているのは、上呉服町であろう。

上呉服町には、行列の出来る飲食店や瀟洒《しょうしゃ》なブティックがある訳ではない。小さな商店やしもた屋（商売を辞めて、普通の住宅となった町家）が並んでいるだけである。しかし、波瀾に富んだ博多の歴史を見る時、この上呉服町は非常に大きな意味合いを持っているのではないだろうか。

さて、そんな上呉服町の町づくりは、どのようになされているのだろうか。それを知る

日本の伝統的な町家の敷地割りは、「鰻の寝床」と表現される。この写真を見ると、その事がよく分かるだろう。

為に、二〇〇四年（平成十六年）の夏も終わろうとしている八月三十一日、毎回恒例であるが、識者の意見を拝聴する為に福岡市役所に赴いた。

今回話を伺ったのは、福岡市建築局総務部都心居住・博多部振興室で振興係長をされている石松和機さん。上呉服町のみならず、博多の下町全体を大局的に見据えた上で、石松さんはこう仰有《おっしゃ》った。

「博多部には四地区あります。その四地区とは、大浜・御供所・奈良屋《ならや》・冷泉《れいぜん》です。それぞれ『まちづくり協議会』の組織があり、それらの地域と行政としての福岡市が共働で町づくりに取り組んでいます」

町づくりというものは難しい。民間に任せたままにしても、金銭的な限界があるし、行政に任せて住民が関与しなくても、民意を反映しない町並みが出来るだけである。博多に限らず町づくりの際は、どんな町でも民間と行政が協力し合う事が肝要だろう。

カラー舗装が施された裏通りの小路。

石松さんは更に、簡潔にこのような事も仰有った。

「大浜地区で住宅改良事業、御供所地区で町並み環境整備事業を行っています」

大浜地区の住宅改良事業については詳細を拝聴していないので割愛するが、御供所地区での「町並み環境整備事業」とは、いい替えると「歴史的な町並みづくり」という事である。その例として、道路の美装化（カラー舗装など）や住宅の修景助成等が挙げられる。

「住宅の修景助成」について説明しておこう。これは、今ある住宅を町家風に修景する場合、市から補助金が出されるという制度である。

このように、御供所地区では歴史的町並みを取り戻す為に様々な取り組みがなされている。

だが、御供所地区に於けるこれらの事業は、一朝一夕には完遂しないだろう。御供所地区の住民の中にも「古臭い町家風の住居よりも瀟洒な現代的な家に改築したい」と望む人が多いかも知れない。このような場合は、行政側の町並み関連事業に理解を示す住民が、そう望む人たちを説得するしかないだろう。

また、歴史的な町並み造りといっても、ただ町家風の住居を造りさえすればそれで良いという訳には行かない。町並みの中に三階建ての家屋が突出したり、建物を後退させて壁面に凹凸が生じたりすれば、本来の御供所地区の姿とは程遠い乱雑な町並みが出来るだけである。歴史的町並みの再現には、住民一人一人が自制を利かせ、且《か》つ、整然とした家屋を造成する事を心がけるのが最も重要となるだろう。

最後に、余談として面白い話を披露しよう。

「呉服町」という地名が、博多地区のみならず、福岡地区にもあった事をご存知だろうか。

この福岡地区の呉服町は、黒田長政が城下町を造った際、呉服商人を集めてこの地に住ませた為に名付けられたという。その後、一七四〇年（元文《げんぶん》五年）に藩では城下町の振興の為に、博多での呉服商売を禁止する御触《おふ》れを出した。しかし、流石《さすが》にこの法令は悪法で評判も悪かったらしく、七年後にはこの御触れも廃止となった。更に、太平洋戦争中に呉服町は空襲の被害に遭い、

西大橋から見た中洲の町並み。奥にはキャナルシティ博多が見える。

町並みも殆《ほとん》ど焼失した。

戦後、呉服町のあった場所はその大半が昭和通りとなってしまい、町名も舞鶴三丁目、大名二丁目に分けられた。

未来の「歴史的町並み」

福岡市早良区に「百道浜《ももちはま》」という地区がある。百道浜は別名を「シーサイドももち」ともいい、一九八九年（平成元年）に開催された博覧会の会場跡地を整備して造成された。

百道浜には福岡市博物館や市総合図書館、そして福岡タワー等を中心として、国内外の著名な建築家のデザインによるマンションやホテル、オフィスビル等が林立している。

百道浜は誕生して間もない町である。当然、町並みも現在のところは「歴史的町並み」とはいえない。しかし、百年後にはこの町並みもやはり「歴史的町並み」となるだろう。恰《あたか》も、門司《もじ》港が造成された際に、人々がそこに「未来都市」を見出し、そして後に「歴史的町並み」となったように。

話を博多の下町に戻そう。

古い町並みが随所に残されている博多の御供所地区だが、大博《たいはく》通り沿いには流石に高層ビルが林立している。しかし、最近ではここにも変化が起きている。中でも大きな変化は、老舗《しにせ》デパート・エレデ博多寿屋《ことぶきや》の消滅であろう。このデパートの跡地には現在「呉服町ビジネスセンター」という巨大なオフィスビルが建っている。

さて、このように大博通りに沿った町並みは百道浜同様、未来に向けて変化している。だが、一歩裏道に入った所では、歴史的町並みを取り戻す為に様々な努力がなされている。それは道路の美装化であったり、住宅の修景であったりする。しかし今の所、カラー舗装等の道路の美装化は所々で行われているが、住宅の修景を行っている家屋はまだ少ないようである。

以上のように、百道浜は福岡市の未来を物語る町並みである。それとは対照的に、筆者が勝手に命名したのだが、博多と福岡を中心とする「博多湾メガロポリス」は福岡市の歴史を物語る。

現在、都市内部の人口が郊外へ流出する、所謂《いわゆる》「ドーナツ化現象」が問題となっている。博多もまた例外ではなく、どんたくや山笠に参加する博多っ子も、以前に比べるとめっきり減ってしまった。しかし、それでもこの町は未来へ向けて、そして往時の面影を取り戻す為に、ダイナミックに変化していく事であろう。

主な参考文献

福岡県高等学校歴史研究会編『博多・大宰府散歩24コース』（山川出版社）
丸山雍成・長洋一編『街道の日本史48　博多・福岡と西海道』（吉川弘文館）
石井忠・他『福岡を歩く』（葦書房）
読売新聞西部本社編『歴史の町並み再発見』（葦書房）
岩中祥史『博多学』（新潮社）
『チャイナタウン展・もうひとつの日本史』（福岡市博物館）
井上精三『福岡町名散歩』（葦書房）
武野要子『博多』（岩波書店）
仲村清司・博多そぞろ歩き隊『博多のススメ』（双葉社）

【MAP──④】
博多の下町

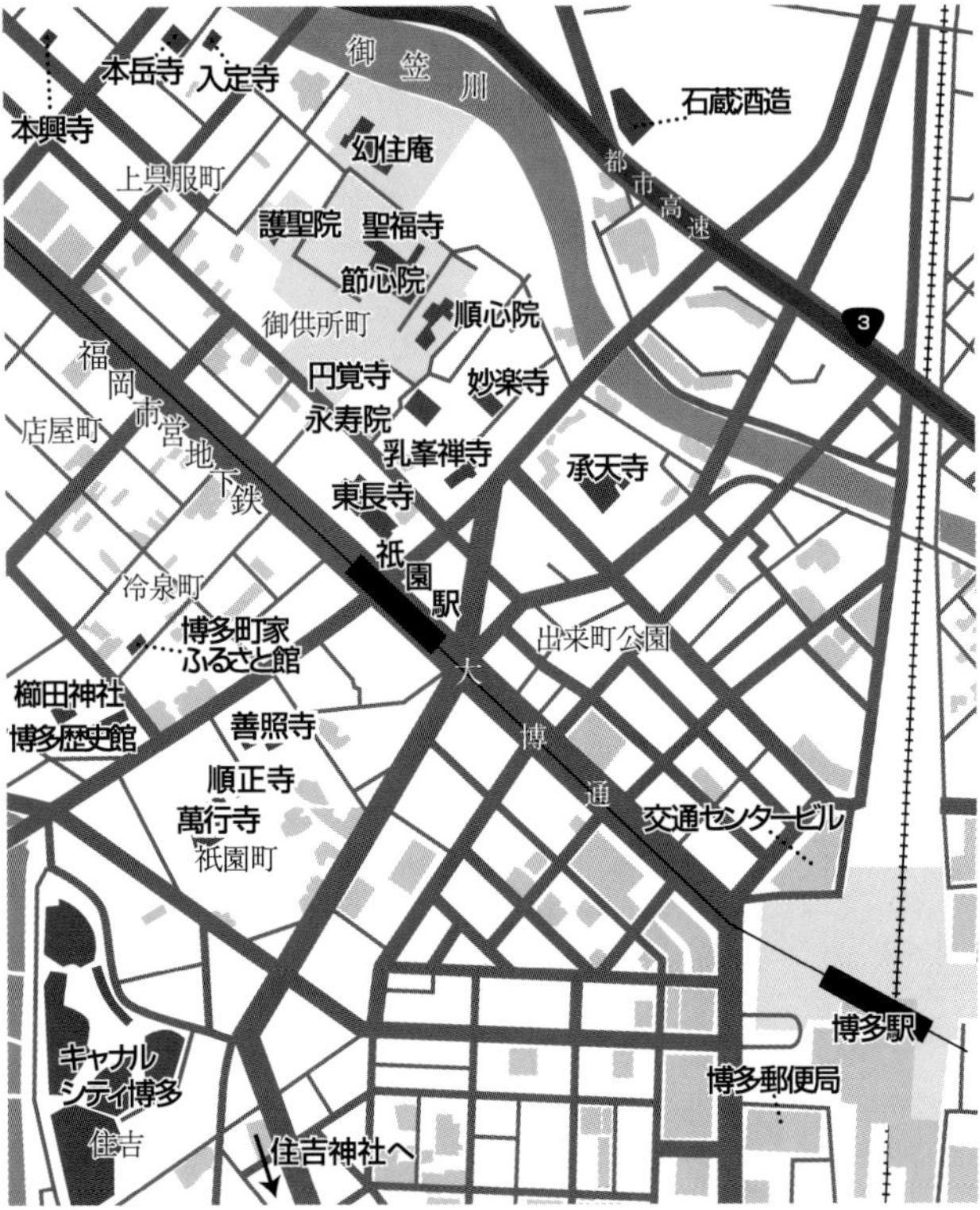

【博多の下町（祇園町、呉服町周辺）へのアクセス】

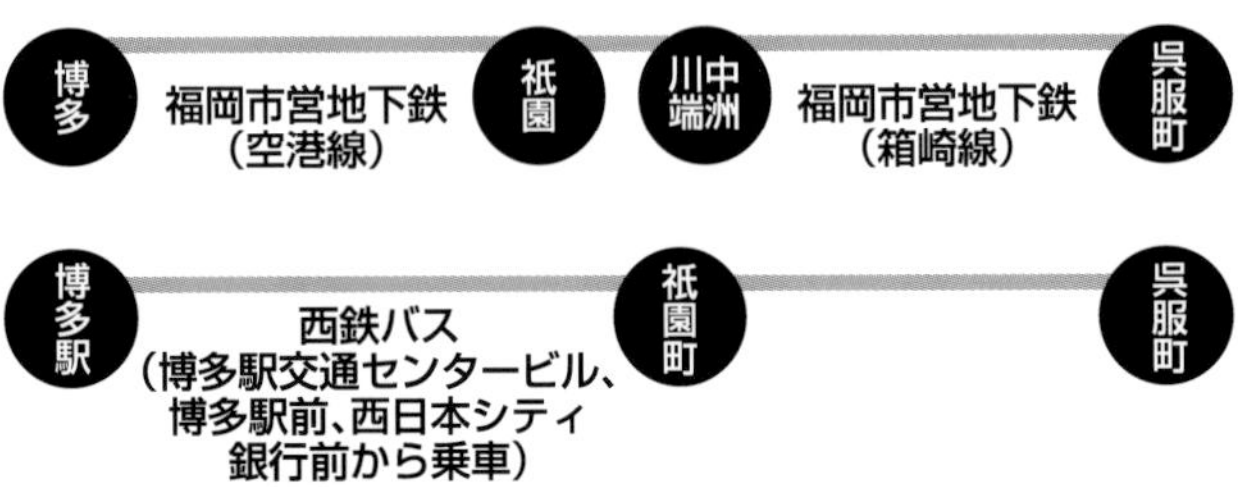

第五章

……

古都・太宰府

古代都市・太宰府《だざいふ》

福岡県太宰府市は現在、日本でも屈指の観光都市である。その中でも太宰府天満宮と、そこへ到る門前町には、観光客や修学旅行で訪れる児童・生徒たちで平日でも賑わっている。

「ダザイフ」の表記には「大宰府」と「太宰府」の二つの表記法がある。そもそも、この二つの表記には、どのような違いがあるのか。先《ま》ずはその事から書き進めていく事にする。

「大宰府」というのは、端的にいってしまえば役所の名称の事である。

古代、博多の近辺に九州各国及び、壱岐・対馬の行政や、中国・朝鮮と日本との間の貿易や外交を取り仕切る役所が置かれていた。これが後に「大宰府」と呼ばれるようになる。「大宰」とは「百官の長」つまり、諸々の役人のトップに立つ人物の尊称だという。それ故《ゆえ》に「大宰府」には「政府最高位の官僚が勤める特別な役所」の意味が込められているといえよう。

西鉄太宰府線太宰府駅。歴史的建造物ではないが、周囲の町並みに溶け込んだ造りになっている。

では「太宰府」とは何か。次にこの事を説明しよう。

「大宰府」は役所の名称の事であったが、「太宰府」とは大宰府を含む、地域の名称の事である。つまり「太宰府」というのは、地名なのである。現在の太宰府市の地図を見ると、大宰府政庁跡は「大」の字を使い、太宰府天満宮は「太」の字を使っている。因《ちな》みに現在の市名も「大宰府市」ではなく「太宰府市」となっている。

奈良時代以前に於《お》いては、地名にしても役所の名称にしても専《もっぱ》ら「大」の字が使われていた。だが、平安時代以降は「太」の字も使われるようになり、江戸時代以降は「太宰府」も一般化したという。

いささか回りくどくなって、却《かえ》って「大宰府」と「太宰府」の違いが分かりにくくなってしまったかも知れない。だが、端的にいえば「大宰府」とは古代の役所の名称を表す普通名詞、「太宰府」とは地名を表す固有名詞だと考えていただけたら理解し易《やす》いだろう。

但《ただ》し、ここで注意して欲しい事が一つある。

国郡制が成立する以前、「大宰」という言葉は官職の名称を表す普通名詞であり、「吉備《きび》大宰」「筑紫《ちくし》大宰」等の使用例があった。ところが、浄御原令《きよみはらりょう》という法令が施行されると、筑紫国を除く全ての国でこの名称は使用されなくなった。それ故に、全国で唯一残された「大宰府」も、普通名詞というよりも、固有名詞同様の扱いをされるようになったのである。

では、「大宰府」と「太宰府」の違いが判った所で、かの地の歴史について記述していこう。

西暦五二七年、九州で筑紫国造磐井《つくしのくにのみやつこいわい》の乱が起きた。これは、新羅《しらぎ》が任那《みまな》に侵攻した際、大和王権が任那を援《たす》けるべく派兵しようとしたところ、新羅と通じていた磐井が叛乱を起こしたという事件である。

この事件をきっかけとして、大和王権は九州での叛乱を未然に防ぐ為に現在の博多の近辺に外交交渉や軍事の出先機関として、「那津官家《なのつみやけ》」を設けた。これが大宰府の前身となったのである。

その後、六六三年（天智《てんち》天皇二年）の白村江《はくすきのえ》の戦いでの敗北を契機として、大陸からの侵攻に備

観世音寺《かんぜおんじ》。天智《てんち》天皇が母の菩提《ぼだい》を弔う為に建立された。

国宝の梵鐘《ぼんしょう》。日本最古の鐘といわれている。

える為に大宰府は現在の内陸の場所に移転された。白村江の戦いをきっかけとして変化したのは大宰府だけではない。同時期に、現在の太宰府市の近辺には、大野城《おおのじょう》や水城《みずき》が築かれたのである。これらの城は、戦国時代から江戸時代にかけての城とは大いに異なる。この時代の城は朝鮮式山城と呼ばれ、山や丘陵の尾根に沿って土塁や石塁を積み上げたものである。つまり、規模こそ比べものにならないが、中国の万里の長城のようなものだったのである。

やがて、大宝律令《たいほうりつりょう》（七〇一年）が制定されると大宰府の官制は完全なものとなり、かの地は九州各国及び、壱岐《いき》・対馬《つしま》の行政・軍事等を司る、いわば九州の首都となったのである。

さて、古代の大宰府を語る上で最も欠かせない人物といえば、何といっても菅原道真《みちざね》であろう。菅原道真は八四五年（承和《しょうわ》十二年）、曾《そう》祖父の代から続く学者の家に生まれた。道真の若い頃については割愛するが、彼は幼少の砌《みぎり》から詩に親しみ、生涯のうちに五百十四編の詩を作ったという。

道真の最も大きな功績は、八九四年（寛平《かんぴょう》六年）の遣唐使の廃止である。その後も彼は出世を重ね、遂には右大臣の地位にまで登りつめた。ところが、その時点で政敵であった藤原時平《ときひら》の謀略により、道真は大宰《だざい》権帥《ごんのそち》に左遷されたのである。

大宰権帥というのは、決して低い身分ではなく、現代の県知事以上の権限を持っていたという。

それでも道真の受けたショックは大きかった。左遷から二年後の九〇三年（延喜《えんぎ》三年）、京の地を再び踏む事なく、道真は失意の裡《うち》に病死した。

道真の死後、京の町の近辺では、旱魃《かんばつ》や洪水等、様々な天変地異が続発するようになった。更《さら》に九〇九年（延喜九年）には、道真を追放した張本人である藤原時平が死去した。

この頃になると宮中の誰もが「これは菅原道真の怨霊《おんりょう》による祟《たた》りに違いない」と思うようになった。道真の死から二十年後の九二三年（延長《えんちょう》元年）、朝廷は道真に右大臣正二位《うだいじんしょうにい》の位《くらい》を贈ったが、それでも彼の霊は鎮《しず》まらなかったらしく、天変地異が続いたのである。

菅原道真が大宰権帥として太宰府に滞在した期間は、僅《わず》か二年に過ぎない。しかしそれでも道真が葬られ、また、道真が祀《まつ》られている太宰府天満宮は、現在でも太宰府市民に親しまれているのである。

幕末から現代にかけての太宰府

太宰府の歴史は平安時代で終わる訳ではない。江戸時代末期の太宰府は、非常に重要な歴史の舞台となったのである。

明治初期、大宰府の遺構は荒れるに任せていたが、大正期には史蹟として保存される事となり、石碑も建てられた。

ところで、古代の太宰府に関する文献は数多くあるが、幕末から現代にかけての太宰府に言及した書籍は意外に少ない。ここでは、その乏しい文献を参考にして、太宰府の近代について述べていきたい。

幕末から明治維新の頃の太宰府に関する文献を見ると、「七卿《きょう》」或《ある》いは「五卿」という言葉がちらつく。「七卿」というのは、幕末から明治維新の頃に倒幕の為に暗躍した七人の公卿《くぎょう》の事である。その七人とは、沢宣嘉《さわのぶよし》・三条実美《さねとみ》・三条西季知《にしすえとも》・四条隆謌《たかうた》・錦小路頼徳《にしきのこうじよりのり》・東久世《ひがしくぜ》通禧《みちとみ》・壬生基修《みぶもとなが》。この内、沢宣嘉は行方不明、錦小路頼徳は病死したので、残りの五人をまとめて「五卿」と呼ぶ。

彼ら五卿は、尊皇攘夷《そんのうじょうい》（尊攘）派の公卿であった。幕末の頃、日本では尊攘派と公武《こうぶ》合体派が鎬《しのぎ》を削っていた。しかし、一八六三年（文久《ぶんきゅう》三年）に宮中で起きた政変によって尊攘派が敗れ、五卿（当初は七卿）は長州、そして太宰府へと落ち延びていったのである。その後、太宰府は度重なる戦争によって、大砲が据えつけられるなど、軍事要塞《ようさい》の如き様相へと変貌してしまった。しかし、一八六七年（慶応《けいおう》三年）、大政奉還《たいせいほうかん》によって江戸幕府の消滅が決定すると、五卿も自由の身となり京都に還《かえ》る事が許されたのである。

次に、明治時代から昭和初期にかけての西日本鉄道太宰府支線について述べよう。

この路線の歴史は古く、一九〇二年（明治三十五年）に太宰府馬車鉄道によって営業が開始された。この年は太宰府天満宮の千年大祭の年でもあり、当時は大勢の観光客を運んだ事であろう。

ところで、福岡県の南北を結ぶ西鉄大牟田《おおむた》線の開通は意外に遅く、一九三九年（昭和十四年）に漸《ようや》く大牟田まで開通した。つまり、現在全長三キロメートルにも満たない西鉄太宰府線は、本線である西鉄大牟田線のいわば先輩だったのである。

一九一三年（大正二年）、太宰府線は蒸気機関車を導入し、客車もそれまでの十六人乗りから倍の三十二人乗りに切り替えた。更に、一九二七年（昭和二年）には、動力源を蒸気機関から電気に替えた。この年には、太宰府線は軌間を軽便《けいべん》鉄道クラスの九百十四ミリメートルから千四百三十五ミリメートルにするなどの、改良工事も行われた。

その後、一九三四年（昭和九年）に太宰府線は九州鉄道の傘下に入り、更に一九四二年（昭和十七年）には、その九州鉄道も他の福岡県各地の私鉄と共に西日本鉄道一社に統合された。

広大な大宰府政庁跡に建てられた石碑。

こうして太宰府線は、規模は小さいながらも独立した私鉄から、西日本鉄道に所属する一ローカル線となって現在に到っているのである。

最後に、古代都市大宰府の考古学的調査事情について書き記して、この項を締め括る事にしよう。

大宰府が衰頽《すいたい》し、人々の記憶から忘れ去られるようになったのは、鎌倉時代、もっと正確にいえば元寇《げんこう》の前後からだとされている。この時代以降、由緒ある寺社を除く殆《ほとん》どの建造物は取り毀《こわ》され、町並みは消滅して田畑に戻った。大宰府が再び脚光を浴びたのは、江戸時代中期以降になってからである。

大宰府政庁跡が考古学的に調査・保存されるようになったのは明治時代以降になってからと思われがちだが、実際には意外な事に、江戸時代中期から黒田藩によって政庁跡の礎石《そせき》等が調査・保存されてきたのである。

ところが明治時代初頭、幕府や藩の消滅や西欧文化の流入、排仏毀釈《はいぶつきしゃく》等の影響もあって、大宰府政庁跡の貴重な文化遺産は次々と失われていった。そして黒田藩によって保存されてきた礎石も、庭石等に転用されるようになってしまった。

しかし、その後は文化財を蔑《ないがし》ろにする風潮を誰もが反省し始め、一九二一年（大正十年）には一転して大宰府政庁跡や水城跡等が国の特別史蹟に指定された。

更に一九六八年（昭和四十三年）には、大宰府史蹟《しせき》の発掘・調査が本格的に開始された。こうして太宰府市では地域の文化財を保護し、次の世代に継承しようとする気運が高まって、現代に到っているのである。

同じく大宰府政庁跡。ピクニックの際は絶好の行楽地となる。

識者のコメントから

さて、今回筆者は二〇〇四年（平成十六年）十一月九日の秋晴れの中、太宰府市文化ふれあい館調査研究室に赴いた。毎度の事ながら、識者のコメントを拝聴する為である。

幕末〜明治期の面影を残す、風格のある建造物。

今回話を伺ったのは、調査研究室に勤務されている城戸康利さん。

いつもならこの項で識者のコメントをそのまま書き写すのだが、今回は城戸さんのコメントを元に要旨を紹介する。

筆者が知りたかった事は、大宰府の風水《ふうすい》思想、太宰府天満宮周辺の門前町と社家《しゃけ》町との相違、古代都市・大宰府と近世の門前町・太宰府とはどう繋《つな》がっているか、等である。

では先ず、大宰府の風水思想から。

風水思想とは中国で発祥し、朝鮮・日本・琉球等に伝播した、地勢によって吉凶を判断する一種の地政学的な思想の事である。日本では陰陽道《おんみょうどう》によって体系化され、住居や埋葬等が風水によって考慮されてきた。

平城京や平安京等の、古代の都市の町づくりは風水思想に則《のっと》って考慮され、大宰府の町を建造する際にも風水が応用された。古代の大宰府の地図を見ると、北に大城《おおき》山、東と南に御笠《みかさ》川、西に街道が見受けられる。これは風水思想によると、非常に理想的な環境であるという。また、風水について調べていくと、「鬼門《きもん》」という単語が目に付く。鬼門とは風水思想上で鬼や魔物が出入りする方角とされ、方位でいうと北東の方角を指す。大宰府政庁から見て鬼門の方角には、竈《かま》戸《ど》神社という社《やしろ》がある。この神社は鬼門の方角から入ろうとする邪気を遮《さえぎ》り、大宰府の町を厄災から守る為に建立されたという。ところで、太宰府天満宮もまた、大宰府政庁から見るとほぼ鬼門の方角に所在している。もしかするとこの事も、風水上の意味合いがあるのかも知れない。

このように大宰府の町並みや寺社は、風水思想に基づいて造られていた。しかし、風水にこだわっていたのは、当時の「都市計画プランナー」や政府関係者に限られていたようである。城戸さんの話によると、大宰府の周辺に住む一般庶民の間では風水思想はあまり滲透《しんとう》せず、自由気儘《まま》に家を建てたりしていたらしい。風水思想は、誰にでも信じられた訳ではなかったのである。

次に、太宰府天満宮近辺の門前町と社家町との相違について述べよう。

「門前町」とは、簡単にいうと「寺社の近辺に発達した町」の事である。太宰府以外で有名な門前町といえば、瑞泉《ずいせん》寺の門前町・井波（富山県）、法然《ほうねん》寺の門前町・仏生《ぶっしょう》山（香川県）、厳島《いつくしま》神社

太宰府天満宮本殿。太宰府観光の花形建造物といえよう。

の門前町・宮島（広島県）等がある。これらの町には寺社へ参拝に来た人々を対象とした、土産物の店や飲食店、旅館等が建ち並んでいる。門前町とは信仰の町であると同時に商業の町でもあるのだ。

では、社家町とはどんなものだろうか。

「社家町」を簡単に定義すると「寺社に仕える者が住む町」となる。そうすると社家町とは門前町とは異なり、純粋な信仰の町という事になる。社家町のような信仰の町を捜してみると、以前取り上げた英彦山《ひこさん》（福岡県）や羽黒手向《とうげ》（山形県）、坂本（滋賀県）等が挙げられる。これらの町は、商業機能を殆ど排した、純粋な信仰の町なのである。

このように宗教が関係する町は、信仰の他に商業機能を兼ね備えた門前町と、純粋な信仰の町である社家町に大別されるのである。

話を太宰府に戻そう。

太宰府市文化ふれあい館に出向いた際に、『太宰府天満宮周辺の遺跡』（太宰府市教育委員会文化財課・編）と題したパンフレットを貰《もら》った。それには、江戸時代後半の太宰府天満宮周辺の土地利用を記した地図が記載されている。その地図によると、当時の天満宮周辺の町並みの中には旅館等の商業施設はほんの僅《わず》かしかなく、その大部分は社家の屋敷で占められていた。地図を見ると、明星《みょうじょう》坊・真寂《しんじゃく》坊・十境《じっきょう》坊・華台《けたい》坊・勾当《こうとう》坊等の名が見える。江戸時代の天満宮周辺は、宛《さな》ら英彦山坊舎群のような町並みだったといえる。太宰府の門前町が現在のような飲食店や土産物店等が並ぶ町並みとなったのは、幕末から明治時代以降の事だったのである。

現在、天満宮周辺には社家の屋敷は殆ど残っていない。その理由は明治初頭、排仏毀釈の運動や急激な文化の西

太宰府天満宮の御神木「飛梅」。菅原道真のあとを追って、一夜のうちに京都から太宰府に飛来したという伝説がある。

欧化等により、数多くの屋敷が取り毀されたからである。太宰府天満宮も、幕末までは「安楽寺天満宮」という名称だった。しかし、天満宮では神仏習合を止《や》め、神社として存続する事を選択したのである。

ところで、古代都市大宰府と現在の太宰府の門前町との間には、どのような関連があるか。最後にこの事を明らかにしたい。

古代都市大宰府は、政庁を中心として南北に拡がっていた。その後、中世に入り大宰府が衰頽すると、今度は政庁の東に所在する観世音寺《かんぜおんじ》の領地が擡頭《たいとう》する。かの地にあった町並みは「高橋口」とも呼ばれ、水運の便も良好だった為に大いに栄えた。この高橋口は、大宰府の内外を分ける、丁度《ちょうど》境界線上に成立したという。この事から、高橋口は古代の大宰府の町並みを再開発して出来たと考えられる。更に江戸時代になると、その高橋口を母体として下町・中町・横町等の町並みが発展する。そして明治時代、天満宮周辺の社家町が消滅し、代わってその地に江戸時代からの町並みが拡張したかのように、門前町が成立した訳である。

このように、かの地の歴史や町並みを調べると、古代から現代までの町並みの繋《つな》がりが見えてくる。古代都市大宰府に始まり、中世の高橋口、江戸時代の下町・中町等の町並み、そして明治時代以降の大町(旧社家町)と、まるで町並みが移動しているようにも見える。

今後、太宰府がどう変化していくのかは判らない。しかし、これからも現代の町並みを継承した、新たな町並みを形成して欲しいと思う。

太宰府あれこれ

最後に、太宰府の観光事情について書き記しておこう。

太宰府を代表する銘菓といえば梅ヶ枝餅《うめがえもち》だが、この餅には次のような謂《いわ》れがある。

昔、大宰府に左遷された菅原道真を、藤原時平が暗殺しようとして刺客を寄越《よこ》した事があった。何故時平が、道真を追放しただけでは飽《あ》き足らず、暗殺までしようとしたのかは分からないが、この時道真は米や麦の麹《こうじ》を作っている民家に逃げ込んだ。その家に住んでいた老婆は臼《うす》の中に道真を匿《かくま》い、刺客たちを遣《や》り過ごしたという。その後、老婆は時々餅を作って届けては道真を慰め、道真が病死した際も柩《ひつぎ》に餅と梅の枝を供えた。これが後に梅ヶ枝餅の起源になったという。

ところで、その梅ヶ枝餅を売る店が軒を並べる門前町の町並みの中には、趣《おもむき》のある建築様式の店が多い。中でも風格のある店は『風見鶏《かざみどり》』という店である。この店は幕末に建てられた旅館を改築したもので、一階がオルゴール専門店、二階が喫茶店となっている。二階の喫茶店では、コ

築140年の旅籠《はたご》を改築した喫茶店『風見鶏』。コーヒースカッシュがメニューから外された事が残念だ。

軍艦の廃材を再利用して建てられた定遠館。いわば「リサイクル建築」である。

九州国立博物館。国立の博物館設立は、百年ぶりという。

ーヒーを炭酸水で割った「コーヒースカッシュ」という飲み物がメニューに入っていた。残念ながら現在は作られてはいないが、是非《ぜひ》とも復活させて欲しいメニューである。

『風見鶏』を出て参道を真っ直《す》ぐに進み、突き当りを右に曲がった所に『定遠館《ていえんかん》』という建物がある。『定遠館』は、日清戦争の際に撃沈された清国の軍艦の廃材を再利用して建てられたもので、現在はメンコや錻力《ブリキ》の玩具、映画のポスターやレコード盤等を展示した資料館となっている。

二〇〇五年（平成十七年）十月十六日、太宰府天満宮から徒歩で十分程行った場所に、九州国立博物館がオープンした。この博物館の規模はかなり大きなもので、日本や福岡のみならず、アジア各地の美術品や考古学的資料が保存・展示されている。この博物館の開館を除けば、太宰府の再開発は今のところ目立ったものはない。しかし今まで、大宰府政庁跡と太宰府天満宮の二カ所に観光客が集中していたのが、新たに九州国立博物館という、第三の観光名所が誕生したので、今後の太宰府の発展が愉《たの》しみである。

古代、大宰府は平城京や平安京と並ぶ、九州一の大都市だった。しかし、現代では九州一の大都市どころか、福岡市の一ベッドタウンの地位に甘んじている。それでもかの地は痩《や》せても枯れても、京都や奈良より古い歴史を誇る「古都」である。この長い歴史そのものこそが、太宰府市民一人一人にとってのアイデンティティたり得るといえるだろう。

主な参考文献

高野澄『太宰府天満宮の謎』(祥伝社)
藤井功・亀井明徳『西都大宰府』(日本放送出版協会)
岩中祥史『博多学』(新潮社)
改訂つくし風土記制作委員会『改訂つくし風土記』(つくし青年会議所)
福岡県高等学校歴史研究会編『博多・太宰府散歩24コース』(山川出版社)
高倉洋彰『大宰府と観世音寺』(海鳥社)

吉田桂二『日本の町並み探求』（彰国社）
読売新聞西部本社編『歴史の町並み再発見』（葦書房）
大隈和子『太宰府伝説の旅』（古都大宰府を守る会）
森弘子『太宰府発見』（海鳥社）
『大宰府復元』（九州歴史資料館）
『太宰府天満宮周辺の遺跡』（太宰府市教育委員会文化財課）

太宰府口城門礎石
578
瑞雲寺
35
観世音寺子院跡
だざいふえん
太宰府天満宮
西鉄太宰府駅
観光案内所
九州国立博物館
光明禅寺
武藤資頼・資能之墓
朝日地蔵
西鉄太宰府線
九州歴史資料館
日吉神社
観世音寺
戒壇院
太宰府ゴルフクラブ
太宰府市役所
石穴神社
文
西鉄五条駅
福岡国際大学
福岡女子短期大学

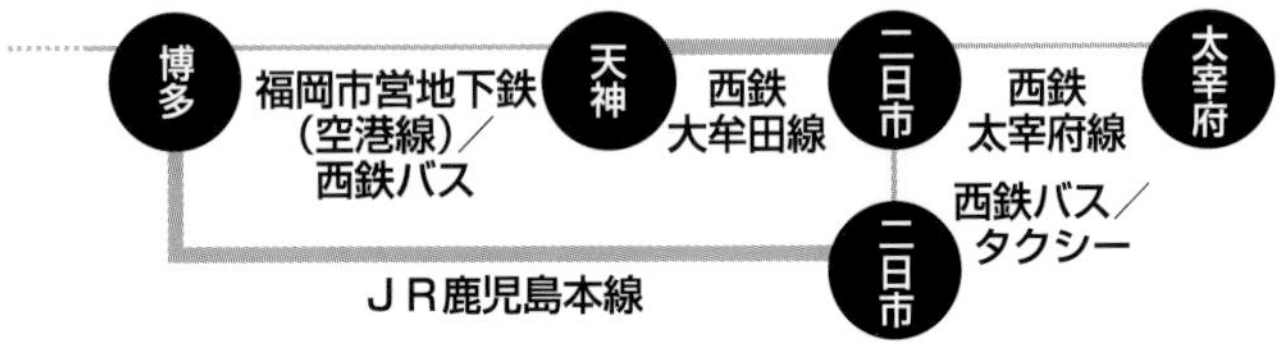
博多
福岡市営地下鉄
（空港線）／
西鉄バス
天神
西鉄
大牟田線
二日市
西鉄
太宰府線
太宰府
西鉄バス／
タクシー
二日市
ＪＲ鹿児島本線

【MAP——⑤】
古都・太宰府

【古都・太宰府(西鉄太宰府駅)へのアクセス】

第六章 小京都・秋月

石高《こくだか》制と支藩について

福岡県朝倉《あさくら》市秋月《あきづき》は「筑前《ちくぜん》の小京都」とも呼ばれている。とはいうものの、この町には普通の住宅地に見られるような素《そ》っ気《け》無い家屋も多い。しかしそれでも秋月に残る町家や武家屋敷等の保存状態が良かった為、秋月は一九九八年（平成十年）に重要伝統的建造物群保存地区（以下「重伝建《じゅうでんけん》地区」）に指定された。福岡県内での重伝建地区指定の町並みは、浮羽《うきは》郡吉井町（現うきは市）に次いで二カ所目である。

ところで、旅行ガイドブック等を見ると、大抵久留米の次辺りに秋月が紹介される。また、秋月の所属する朝倉市（旧甘木《あまぎ》市）は西鉄甘木線が久留米まで通じている為、現在では久留米市のベッドタウンとしての性格が強い。それらの事から、秋月は筑後《ちくご》地方にあると思っている人も多いのではないだろうか。

秋月のメインストリート、国道322号線。この道の両脇に町並みが展開する。

朝倉市は確かに筑後地方に近く、通勤・通学や買い物に出掛ける際も福岡市よりも筑後地方の中心都市・久留米市に行った方が便利である。しかし、江戸時代までは秋月は筑前黒田藩の支藩であり、現代の朝倉市の一部である甘木も黒田藩の直轄《ちょっかつ》地であった。つまり、どちらも筑後の国を治めていた有馬氏とは無関係だったのである。

前置きはここまでにして本題に入ろう。

江戸時代、秋月は石高五万石で黒田藩の支藩であった。そもそもこの「石高」及び「支藩」とは、一体どのようなものだったのだろうか。先《ま》ずはその事から説明していこう。

それでは先ず「石高制」から。

「石高制」とは、江戸時代の土地表示法の

事で「石」とは日本独自の単位表示法である尺貫法《しゃっかん》での、容積の単位である。因《ちな》みに一石は十斗《と》（約百八十リットル）となる。この表示法は、豊臣秀吉・徳川家康らによって確立された。

江戸時代に於《お》いては、大名の領地の規模は面積や人口ではなく、年貢米《ねんぐ》が領内でどれだけ収穫出来るかという石高で表示されていた。また、大名の家臣は領内の土地を分給されるが、これも石高で表示された。このように、土地を分給される武士を「知行武士《ちぎょう》」という。これに対して、土地給付の形式を取らない武士は、「蔵米武士《くらまい》」と呼ばれていた。

大名が領国から収めた米は、その領国の城下町や江戸・大坂に送られ、商品化された。これによって武士の都市生活が可能になるのである。しかし、大名の領地（封土）を分割し、主従関係を結ぶという制度は、江戸時代末期には崩壊しつつあった。というのも、時代が経ち米の生産力が向上すると、領内の石高は変化する筈《はず》である。しかし、それは体制の不安定化を齎《もたら》す事になり、その事を畏《おそ》れた為政者によって江戸時代初期の検地（米の収穫高を計る等の土地の基本調査）が幕末まで続けられる事が多かった。また、武士が米を貨幣に替えて都市生活を送るという事は、年貢を中心とした経済の社会から貨幣を中心とした社会へ変化していくという事になる。それにもかかわらず大名には領地を、家臣には給地を与えるとなると、武家による支配体制に矛盾が生じる事となり、この制度は崩壊へと繋《つな》がっていったのである。

次に「支藩」とは一体何なのか、書き記していこう。

「支藩」とは簡単にいうと、大名の分家で一万石以上分割相続され、幕府から大名として認められた藩の事を指す。支藩には本家の補佐や血統保持等の役目があり、領外分家〈徳川系大名〈親藩〉に多い〉と領内分家〈外様《とざま》大名に多い〉の二つに大きく分けられる。

また、支藩には分知《ぶんち》分家・内分分家に二分されるという見方もある。分知分家とは、幕府から直接領地朱印を交付された藩で「別朱印《しゅいん》分家」とも呼ばれる。これに対して内分分家とは、幕府ではなく本藩《ほんぱん》の領地朱印の中に記載される藩の事を指す。分知分家の支藩は本藩に対して独自性を持ち、財政運営を独自に行ったが、内分分家の支藩は本藩の財政に左右されたという。

話を秋月に戻そう。

よく「黒田支藩秋月五万石」といわれるが、この「五万石」とは検地の結果、藩の領内で五万石の年貢米が収穫出来る、という事を指している。また、秋月藩の黒田家は外様大名なので領内分家である。更に、秋月藩は幕府から領地朱印を交付された分知分家の支藩であり、本藩に対して独自性を保ってきたといえる。つまり、秋月藩の黒田家は福岡藩の黒田家とは親戚であるが、政治や経済の面で本藩の言いなりになる事は殆《ほとん》ど無かったのである。

現在の秋月の町並みの基盤は、江戸時代に確立された。しかし、秋月の歴史は江戸時代に始まった訳ではない。秋月は神話伝承の時代から始まり、現代に到るまで実に二千年近い歴史を誇っているのである。では、その歴史とはどのようなものだったのか。次に、その事について書き記してみよう。

秋月二千年の歴史

『日本書紀』に、古代の秋月に関する記述がある。それによると昔、秋月に羽白熊鷲《はじろのくまわし》という身体に翼を生やした豪族が住んでいて、秋月地方各地の住民たちの生活を脅《おびや》かしていた。そこで神《じん》功《ぐう》皇后は熊鷲を層増岐野《そそぎの》（現在の筑前町安野《やすの》）という場所に誘《おび》き寄せ、征伐したと伝えられている。

秋月の歴史は、ここから幕を開ける。時代が降《くだ》って今から約八百年前、原田種雄《たねかつ》という人物が秋月に城を築いた。種雄の祖先は、漢の王族だといわれている。もっと詳しく書くと、漢の王族である阿智王が中国での戦乱を避けて日本に亡命。彼の子孫である原田種雄が一二〇三年（建仁《けんにん》三年）に、鎌倉幕府より秋月の地を賜《たまわ》ったのである。それと同時に種雄は、姓も「秋月」と改めた。以降、秋月氏の治世は約四百年続く。

室町時代の後半、応仁《おうにん》の乱からその後続いた戦国時代には、秋月氏の一族はかなりの苦汁を嘗《な》めさせられた。逆臣に謀《はか》られ、一族が皆殺しにされそうになった事もある。しかし、それでも一五六七年（永禄《えいろく》十年）、十六代種実《たねざね》は秋月家の復興に成功する。この頃が秋月氏の全盛期といえる。ところが、繁栄の時代は長くは続かなかった。当時、種実は薩摩の島津氏と同盟を結んでいた。その為秋月氏は豊臣秀吉の軍と一戦交える事となり、結局秀吉の軍門に降る羽目に陥ってしまった。その後、秋月氏は日向《ひゅうが》国財部《たからべ》（現在の宮崎県高鍋町）に転封された。こうして、秋月氏の治世は終焉を迎えたのである。

戦国時代の武将が切腹した場所という腹切岩。秋月では、何気無く転がっている岩にもドラマがあるのだ。

秋月氏の後釜《あとがま》に入る形で一六二四年（寛永《かんえい》元年）にかの地に入部したのが、黒田長政の三男・黒田甲斐守長興《かいのかみながおき》である。

長興の治世下では、様々な政策が実行された。

先ず、長興は秋月藩領内の由緒ある神社仏閣の復興に着手した。信仰によって平和を尊ぶ心を培《つちか》っていこうという、長興の判断があったからである。また、それと同時に小石原《こいしわら》川と野鳥《のとり》川が合流する地点での護岸工事、植林事業、新田畑の開発、秋月街道の新設等、様々な事業が行われた。

こうして秋月の城下町や領地は戦乱の傷手《いたで》から立ち直り、復興に成功したのである。

長興の秋月入部から百六十一年後の一七八五年（天明《てんめい》五年）、「中興《ちゅうこう》の名君」とも讃えられる黒田長舒《ながのぶ》が秋月藩八代藩主となる。長舒の治世下は、秋月の黄金時代といっても過言ではない。この時代、儒学者の原古処《はらこしょ》、種痘《しゅとう》法を発見した藩医・緒方春朔《しゅんさく》等の逸材が現れた。

では先ず、原古処とはどんな人物だったか見ていこう。

若い頃、原古処は福岡藩の儒学者・亀井南冥《なんめい》の門下生であった。しかし、父の病気の為に秋月に戻る事になり、一八〇〇年（寛政《かんせい》十二年）に藩学稽古館《けいこかん》の教授に就任した。以来、彼は秋月藩を支える数多くの有能な人材を育成してきたが、四十七歳の時に教授の職を罷免《ひめん》される事になった。しかし、原古処は決して惨《みじ》めな晩年を送った訳ではない。引退後、彼は自らを「東西南北人」と称し、旅と詩作に明け暮れる余生を送っていたという。

秋月を代表するもう一人の偉人は、緒方春朔である。

春朔は、ジェンナーより六年前に種痘法を発見した事で有名である。彼が種痘法を研究するきっかけとなった出来事は、秋月藩七代藩主長堅《ながかた》の死である。当時、長堅は痘瘡《とうそう》に罹《かか》り、僅《わず》か十八歳で病死した。長堅だけでなく、この時期に秋月領内では痘瘡が大流行して数多くの死者を出していた。そこで春朔は中国の文献を繙《ひもと》き、痘瘡の研究を続けた。そして一七九〇年（寛政二年）、遂にその治療法を発見した。しかし、そこからが苦難の道であった。当時、秋月には「痘痂《とうか》（痘瘡で出来た瘡蓋《かさぶた》）を喰った狐は千年生きる。しかし、喰われた者は必ず死ぬ」という迷信が流布《るふ》していた。その為、実験に協力する者がなかなか見付からなかった。そんな折、春朔とは親しい領内のとある村の大庄屋・天野甚左衛門《じんざえもん》が、自分の子供二人を実験台にする事を申し出た。最初は躊躇《ちゅうちょ》していた春朔も、甚左衛門の熱意に絆《ほだ》され、種痘を実施する事を決意。二人の子供に痘瘡の種痂を植え込んだ。結果は見事に大成功を収めた。その後、春朔が発見した種痘法は全国に広まり、数十万人の命が救われたといわれている。

この他、長舒の治世下では、寿泉苔《じゅせんたい》の商品化や目鏡《めがね》橋の架橋等の、様々な事業が行われた。現代の秋月の景観や特産品の基盤は、この時期に出来上がったといえるだろう。

さて、長かった江戸時代が終わり明治という新時代を迎えた矢先、一八七六年（明治九年）に「秋月党の乱」という事件が起きた。

この事件は、肥後《ひご》熊本の神風連《しんぷうれん》、長州萩《はぎ》の前原派の挙兵とほぼ同時期に起きた、不平士族の叛《はん》乱《らん》である。当時、明治新政府は廃刀令、秩禄《ちつろく》廃止等、士族の特権を剥奪《はくだつ》する政策を次々と断行した。また、幕末の頃、秋月藩は本藩の福岡藩と同様保守派が多かった。それ故《ゆえ》に明治維新を迎えると、路頭に迷う士族たちが続出した。これらの出来事が相俟《あいま》って不満を募らせた秋月藩士たちは叛乱を決意。今村百八郎《ひゃくはちろう》・宮崎車之助《くるまのすけ》らをリーダーとして挙兵した。しかし、この叛乱は僅か九日で鎮圧されてしまった。秋月党の乱の後、士族たちの殆どは逃げるように秋月を去り、武家屋敷も大半が取り毀《こわ》されて田畑へと変わっていった。

こうして城下町秋月は歴史の表舞台から消え、小さな田舎町へと変貌していったのである。

個性を生かした町づくりを

さて、秋月を理解する上で欠かせない石高制と支藩という制度、及び秋月が辿《たど》ってきた歴史を見た上で、この項ではかの地の町並み保存や町づくりについて言及しよう。

二〇〇五年（平成十七年）に入って数カ月間は、良くない天候が続いていたが、筆者が識者のコメントを拝聴する為にピーポート甘木（総合市民センター）に赴いた三月四日も、やはり朝から小《こ》糠雨《ぬかあめ》の降る生憎《あいにく》の天気だった。それはともかく、今回話を伺ったのは、甘木市（当時）教育委員会文化課文化財係をされている井本雅晶さん。その井本さんに、筆者は幾つかの質問をしてみた。

秋月は「小京都」と呼ばれているが、その小京都絡みで「秋月は数年前に『全国京都会議』の

秋月には、このような変則的な町家もある。だが、この建物も町並みにしっくりと馴染んでいる。

同じく秋月の変則的な町家。

お墨付きを貰ったが、その事を秋月の住民はどう受け止めているか」と問い質《ただ》したところ、井本さんは次のような回答をされた。

「京都というよりも、基本的に秋月というものを前面に出していきたいので、伝建地区とかそういう形の進め方をしている」

秋月は「筑前の小京都」と呼ばれ、「全国京都会議」のお墨付きも貰っている。しかし、それらの事は秋月の住民一人一人にとっては然程《さほど》重要ではないのかも知れない。「小京都」のお墨付き以上に大切な事は、秋月独自の個性、アイデンティティであり、その事は現在も、そして将来に亘《わた》ってもしっかりと守っていかなくてはならない。井本さんからの回答は簡潔であるが、筆者はそう思った。

更に、今度は秋月と甘木との関係について「秋月は黒田藩の直轄地であった甘木（安長寺《あんちょう》の門前町など）と連繋《れんけい》し、発展しようとする動きはあるか」と質問した。これについては井本さんは、こう述べられた。

「同じ市内なので、連繋というよりもゾーンを決めてやっていくやり方がいいと思ってますね。ゾーンを決めて、甘木の町中であれば商店街、秋月であれば伝建地区というゾーン分けが相応《ふさわ》しい。両方共に、一体的に考えていく必要があると思ってますけどね。ゾーン分けにしても、それそれ違った方向にしても、町づくりについて考えていく必要がある」

甘木鉄道と西鉄甘木線の両甘木駅から徒歩で十分程行った所に、甘木山《かんぼくさん》安長寺という古刹《こさつ》がある。この安長寺の周辺にもほんの僅かだが、古い町並みが残されている。今後は秋月だけでなく、安長寺の周辺の門前町とも連繋して町づくりを考えていく必要があるだろう。

最後に「今後、秋月はどのように発展するのが望ましいか」と質問した。これについて井本さんは簡潔にこう述べられた。

「伝建（伝統的建築物）を中心とした町づくりでやっていくのがいいかと思います」

以上が筆者と井本さんとの問答である。しかし、正直にいうとどうも井本さんのコメントに歯切れの悪さを感じたのも事実である。それでも、回答の主旨は理解出来る。井本さんが一番伝えたかった事は、要するに「秋月の独自性を打ち出した上で、町並み保存や町づくりを進める必要がある」という事だろう。この事は秋月だけでなく、他の歴史的町並みにも当て嵌《は》まる事である。

現在、日本には数多くの歴史的町並みが残されている。そしてそれぞれの町並みに個性がある。今後はそれらの町並みの個性を尊重する事が、町並み保存に欠かせない事柄となるだろう。

では、今後の町並み保存に必要な事を述べた所で、秋月の歴史的建造物を四件だけ取り上げてみよう。

江戸時代中期に架けられた石橋、目鏡橋。秋月の町はここから端を発する。

秋月の町並みは、目鏡橋から始まる。秋月の町の入り口には、元々木造の橋が架けられていた。しかし、その橋は洪水の度《たび》に流され、また、往来の激しさ故《ゆえ》にすぐに傷んでしまう為、およそ二十年に一度は架け替えなければならなかった。これを見兼ねた藩は、一八〇五年（文化《ぶんか》二年）に石橋を架橋する事を決定し、早速長崎から石工《いしく》たちを招聘《しょうへい》した。架橋工事は順調に進んだが、いよいよ完成という時、台枠を外した途端に橋が大音響と共に崩壊した。これは、完成を急ぐあまり手抜き工事をしたのが原因といわれている。その後、石工たちは再度、今度は慎重に工事を行い、一八一〇年（文化七年）に遂に橋を完成させた。この目鏡橋は、今でも住民たちの通

廣久葛本舗。老舗《しにせ》の商家である。

路として残されている。

　目鏡橋から暫《しばら》く国道を通ると、廣久葛本《ひろきゅうくず》舗の平入《ひらい》りの建物が見えてくる。この老舗《しにせ》は、一八一九年（文政《ぶんせい》二年）に創業された、秋月葛の店である。昔は秋月近辺の葛を使用して葛菓子を作っていたが、現在では鹿児島産の葛を使っているという。だからといってがっかりしてはいけない。秋月の清冽《せいれつ》な水を使用しているからこそ、美味《おい》しい葛菓子が産み出されるからである。

　その廣久葛本舗の隣りに、奇妙な建築物がある。一見西洋建築風だが、そう見えるのは道路に面した部分だけで、横から見ると妻入《つまい》りの屋根が続いている。聞くところによると、この「西洋館」は元々、福岡銀行の建物だったという。

武家屋敷久野邸。実は某製薬会社社長夫人の生家だという。

但し、現在では個人の住宅として使用されているので、無闇に中を覗くべきではないだろう。

　秋月の町は、野鳥川を境にして北に町屋《まちや》町、南に武家屋敷街が造成されたという。今度は、秋月の武家屋敷街を見てみよう。

　県道桂川下秋月《けいせんしもあきづき》線を南下して進むと、左手に久野《ひさの》邸という武家屋敷が見えてくる。この建築物は武家屋敷としては珍しく、母屋《おもや》が二階建てという事で知られている。入場受付けの方に話を伺ったところ、この二階は武家の妻や娘たちの為に設けられたという。現在、観光客でも二階に上がれるようになっているが、二階へ続く階段は勾配《こうばい》が急な上、手摺《す》りも無い為に昇降には注意が必要である。歴史的な建造物を昔のまま残す事も大切だが、最低限のバリアフリーを

県指定重文の石田家住宅。200年以上前から秋月の町を見守り続けてきた建物だ。

考慮しても良いのではないか、と筆者は二階に上がってそんな事を思った。

秋月の歴史的建造物は、この他にも戸波《となみ》半九郎屋敷跡（現秋月郷土館）、石田家住宅など沢山ある。また、町屋地区の家屋は平入りと妻入りの屋根が混在しているので、屋根の変化に注意して町並みを観賞するのも一興だろう。

秋月観光指南

最後に、秋月の町をより良く理解するにはどう観て廻れば良いか、幾つかポイントを挙げておこう。

先ず「写真は目鏡橋から撮り始めるべし」。

戸波半九郎屋敷跡。現在は秋月郷土館となっている。

バスで秋月を訪れるなら、目鏡橋バス停で降車する事をお薦《すす》めする。マイカーや観光バスで訪れる場合、観光案内所の近くの駐車場で車を停める事になるが、それでも一旦目鏡橋に戻って写真を撮るべきである。秋月の町は目鏡橋から始まるので、この地点から写真を撮り始めた方が秋月をより良く理解出来ると思うからである。

次に「秋月に来たからには葛菓子を味わうべし」。秋月の葛菓子は、長崎に於けるカステラのようなものである。葛菓子を商う店で最も有名な店は廣久葛本舗だが、それ以外にも葛菓子を出す店は幾つかある。時間的な余裕があれば、それらの店を何軒か廻って様々な葛菓子を味わってみるのも良いだろう。

最後に「時々立ち止まり、お喋《しゃべ》りも止めて

自然の雰囲気を満喫すべし」。秋月には、大都市のような喧噪《けんそう》は殆ど無い。聞こえる音といえば、小鳥の囀《さえず》り、蛙《かえる》の鳴く声、蝉時雨《せみしぐれ》等、生き物の声が主なものである。それらと川や水路を流れる水の細流《せせらぎ》の音とが相俟《あいま》って、まるで美しい音楽を聴いているような気分になる。この自然の奏でる音色こそが秋月の独自性であり、次の世代に引き継がせるべき、何物にも替え難《がた》い秋月の財産なのである。

町外れにある納涼地、潭空庵《だんごあん》。暑い時期にここで飲むラムネは格別である。

以上が筆者の考えた「秋月観光指南」である。観光スタイルは人それぞれなので、このような指南は自分の独り善《よ》がりであり、余計なお節介かも知れない。だが、少なくとも秋月をより深く理解する手助けにはなると思う。

秋月は何も無い町である。週刊誌を一冊買うにしても、目鏡橋から一キロメートル程離れたコンビニエンスストアまで行かなくてはならない。だが、このように俗世間から離れた町であるが故に、秋月は多くの観光客を魅了し続けるのである。そしてこの町は、余計な開発の手が加えられていないからこそ、住民たちにとっては理想郷であり続けているのである。

主な参考文献

西村幸夫監修・三沢博昭写真『日本の町並みⅡ　中国◎四国◎九州・沖縄』（平凡社）
『國史大辭典５』（吉川弘文館）
『國史大辭典７』（吉川弘文館）
馬渕公介『小さな江戸を歩く　西国路編』（小学館）
田代量美『筑前城下町　秋月を往く』（西日本新聞社）
『FUKUOKA STYLE vol.5』（福博綜合印刷）
泉麻人『ニッポンおみやげ紀行』（大和書房）
三浦良一『物語秋月史　抄本』（秋月郷土館）

【MAP――⑥】
小京都・秋月

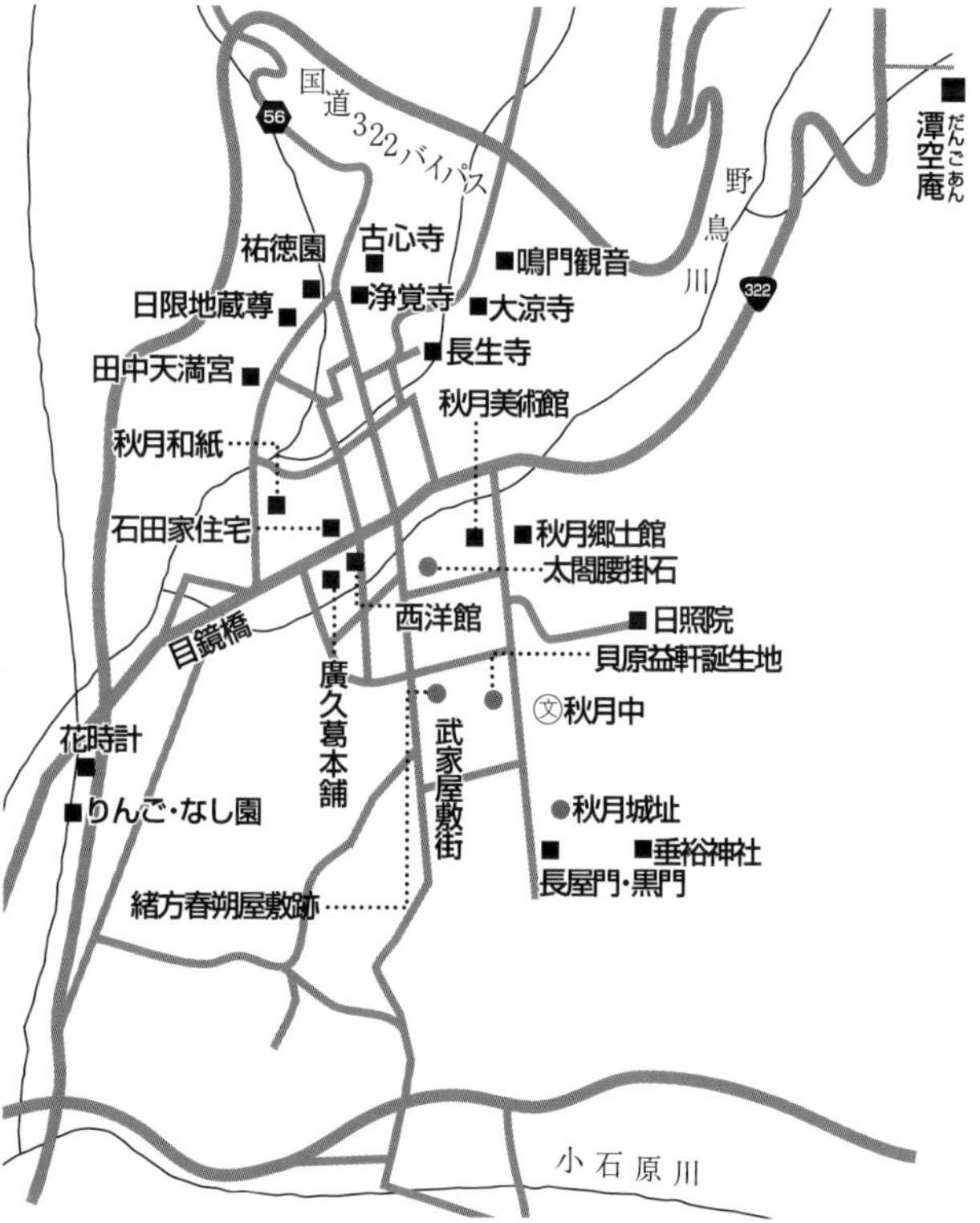

【小京都・秋月（秋月城周辺）へのアクセス】

博多 ― 福岡市営地下鉄（空港線）／西鉄バス ― 天神 ― 西鉄太宰府線 ― 宮ノ陣 ― 西鉄甘木線 ― 甘木 ― 甘木観光バス ― 郷土館前

福岡 ― 太宰府 ― 九州自動車道 ― 鳥栖 ― 大分自動車道 ― 甘木 ― 国道322号

第七章……西の倉敷・吉井

個性的な四つの町

本章の題は「西の倉敷・吉井」である。だが、ここで登場する町は吉井だけではない。今回のレポートでは旧浮羽《うきは》町（現うきは市）、旧田主丸《たぬしまる》町（現久留米市）、そして久留米市草野の三町も同時に取り上げる。

浮羽・吉井・田主丸・草野の四町は、北を筑後《ちくご》川、南を耳納《みのう》連山に囲まれた、風光明媚《ふうこうめいび》な場所に所在している。そしてどの町も、非常に個性的である。日本の棚田百選に選ばれたつづら棚田や国指定重要文化財の民家・平川家住宅等が残る浮羽、重要伝統的建造物群保存地区に指定された吉井、河童《かっぱ》による町づくりを行っている田主丸、そして江戸時代の町家や明治・大正時代の洋風建築等が点在している草野など、この地域には観光地が目白押しに並んでいる。

この章でのメイン・テーマは吉井についてなので、この項では浮羽・田主丸・草野の三町を取

国道沿いの町並み。吉井のメインストリートである。

り上げ、吉井に関する事柄は次の項で詳しく述べる事にする。

　JR久大本線《きゅうだい》うきは駅の周辺は、現在ではごく普通の田舎町となっている。この町を訪れる観光客の殆《ほとん》どは町の北にある筑後川温泉へ流れていくようだが、ここでは市街地の南側の耳納連山の麓《ふもと》に注目してみよう。

　うきは市の耳納連山の山麓《さんろく》に、くど造りの民家・平川家住宅が残されている。「くど造り」とは、母屋と台所を分け、その間を屋根で繋《つな》いだ形式の事である。このような民家は、かつては熊本県北部から筑後地方や佐賀地方にかけてよく見られ、「平行分棟《ぶんとう》型」または「肥後《ひご》型分棟」とも呼ばれる。但《ただ》し、現在熊本県ではこの形式の民家は完全に消滅している事を付け加え

重要文化財、平川家住宅。建築物だけでなく、民具等も多々保存されている。

ておこう。

さて、JRうきは駅の近辺に戻って百堂坂《ひゃくどうざか》という地区を通ると、嫩葉会《わかばかい》劇場跡が見えてくる。この劇場はそれ程歴史は古くなく、一九二三年（大正十二年）に地元の医師・安元《やすもと》知之が劇団を旗上げした際に築造された。嫩葉会劇場には屋根が無く、斜面を利用した古代ギリシア式の円形劇場だったという。現在劇場は使用されておらず、草木に覆われている。

ところで『みのう悠々探検マップ』というパンフレットによると、浮羽地区の上水道普及率はなんと〇パーセントだという。上水道が全く普及していなくても、浮羽の住民は別に不便さを感じていないらしい。浮羽地区に

うきは周辺

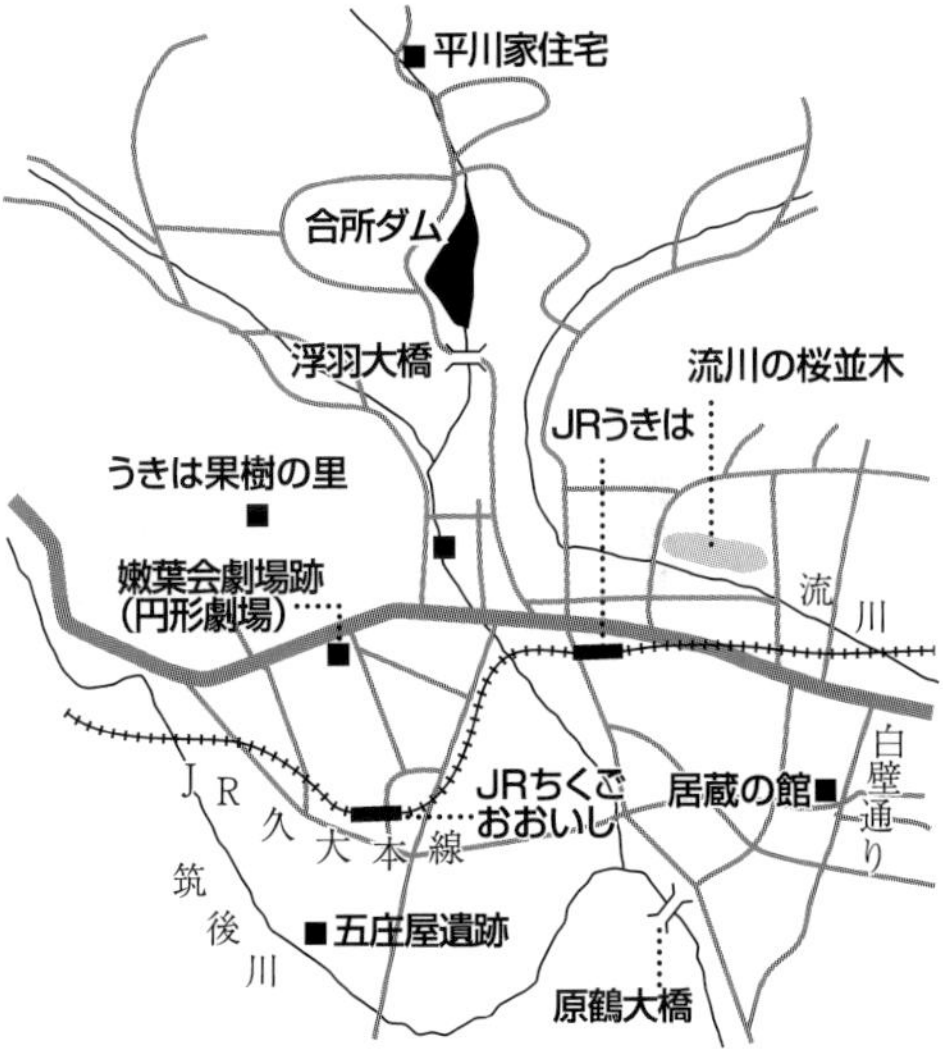

は幾つかの湧水《ゆうすい》があり、初夏には螢《ほたる》の飛び交《か》う川もある。螢が棲《す》めるという事は、それだけ川の水も清冽《せいれつ》だという証《あか》しであろう。

　このように、浮羽地区には郷愁を誘うような民家や、清冽な湧水が到る所に残されている。これらが、浮羽地区の独自性を醸《かも》し出しているといえよう。

　田主丸は慶長《けいちょう》年間（一五九六年〜一六一五年）に、菊池丹後《きくちたんご》という庄屋が開拓したのが始まりとされる。その際、丹後独自の思想の「我極楽世界楽生」から二文字取り、「楽しう生まる」を捩《も》じって「田主丸」の名が付けられ

田主丸周辺

たといわれている。

田主丸はまた、河童の町でもある。町の玄関口・JR田主丸駅も河童が寝そべっているような形であり、町の到る所に河童の像がある。田主丸は大河・筑後川に面した町であり、それ故《ゆえ》に川とは縁の深い河童に纏《まつ》わる寓話・伝承も多いのである。また、田主丸では、中国から渡来してきたという河童の頭目・九千坊《きゅうせんぼう》に因《ちな》み、「河童九千体設置事業」が行われている。これは前記の田主丸駅を含め、文字通り九千体の河童の像を町中に設置しようとする計画である。しかし、田主丸町が久留米市に併合されてしまった為に、この計画がどうなるのかは分からない。田主丸町が消えた後も、事業を続行して欲しいのだが。

河童の像の他にも、田主丸には古い町家建築が僅《わず》かに残されている。その中には、壁面に細かい彫刻を施《ほどこ》した町家もある。町家建築といえば吉井が有名だが、田主丸の町家もそれなりの評価をされても良いのではないだろうか。

河童の町、田主丸に建つ田主丸駅。河童が寝そべっているような形である。

田主丸には、このような町家も残されている。細かい彫刻が独特の雰囲気を醸し出している。

草野周辺

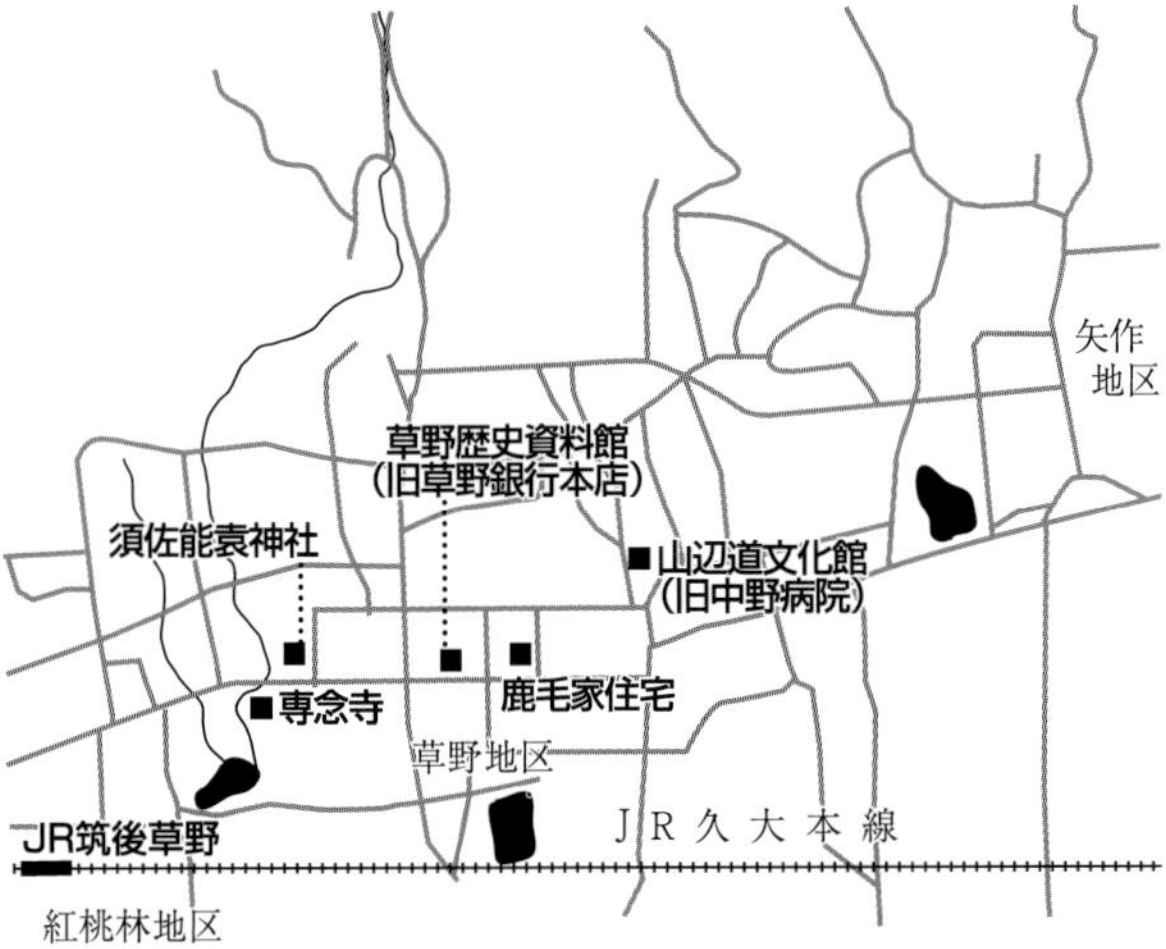

田主丸に隣接する町が、久留米市草野である。

一九八七年（昭和六十二年）、草野・紅桃《こと》林《ばやし》・矢作《やはぎ》の三地区が、久留米市の伝統的町並み保存条例による保存地区に指定された。草野・紅桃林両地区は日田街道沿いの宿駅、矢作地区は農村集落である。

この地区には専念寺や須佐能袁《すさのお》神社等、由緒ある神社仏閣が残り、江戸時代に建てられた鹿毛《かげ》邸等の町家建築も有名である。この他、明治時代に建設された旧草野銀行本店（現久留米市立草野歴史資料館）、大正時代建・旧中野病院（現山辺道文化館）、同じく大正時代建・旧池尻医院の三棟の洋風建築も残されている。

草野の上野邸。道に並行して横に長い町家は非常に珍しい。

草野歴史資料館。明治時代に建てられた銀行の建物を利用したものである。

災除川《さいのきがわ》と、その畔《ほとり》に建つ商家。川に降りる階段があり、かつてはそこから防火用水等を汲み上げたりしていた。

これらの神社仏閣や町家、洋風建築等を見ると、草野地区は神戸や長崎の洋館群のように歴史的な建造物が群れを成して町並みを形成しているのではなく、門司《もじ》港レトロ地区のように古い建物が点在して建てられている事が判るだろう。

草野地区は宿場町であり、門前町でもある。更《さら》に、洋風建築の町でもあり農村という性格も併せ持っている。それ故に、この町をどんな町か分類するのは困難だろう。しかし、だからこそ草野はバラエティに富んだ個性的な町だといえるのである。

以上が浮羽・田主丸・草野の三つの町の特徴である。これらの町は、人間が切り拓《ひら》いた地ではある。しかし、それと同時に、河童と

現在は真っ白な吉井の町家だが、戦時中は煤《すす》が塗られていた。爆撃の標的にならないようにする為だ。

所縁《ゆかり》の深い大河・筑後川や、緑豊かな耳納連山という二つの「自然の造形物」によって育まれたといっても過言ではないだろう。

重伝建地区・吉井（その一）

さて、ここからこのレポートの主題である旧浮羽郡吉井町について解説しよう。

吉井の歴史は、十六世紀末に豪族・星野氏が滅亡した頃から始まる。星野氏は元々、耳納山麓に城下町を置いていたが、同氏滅亡後、城下町の住民たちが平野部に移住し、新たな集落を開拓した。この集落が、現在の吉井の原型となった。

江戸時代に入ると、吉井は豊後《ぶんご》街道の宿場

吉井の裏通りに建つ土蔵。現在は観光案内所として利用されている。

町の一つとなった。この時期の吉井について特筆すべき事は、吉井近辺の村々の五人の庄屋（五庄屋）の出願による、筑後川の利水工事だろう。庄屋の名はそれぞれ、猪山作《いやまさく》之丞《のじょう》、栗林次兵衛《くりばやしじへえ》、重富平左衛門《しげどみへいざえもん》、本松平《もとまつへい》右衛門《えもん》、山下助左衛門《やましたすけざえもん》である。

江戸時代初期、筑後川は水位が低く、農耕に中々利用出来ずにいた。その為農民の生活は苦しく、夜逃げする者も少なくなかった。それを見兼ねた五庄屋は、久留米藩に大石・長野水道の開鑿《かいさく》を申し出た。やがて、近隣の村々の庄屋たちも五庄屋に賛同し、一六六四年（寛文《かんぶん》四年）一月十一日に工事が始まった。工事の期間中、現場には藩によって磔柱《はりつけばしら》が建てられた。これは「もしこの事業が失敗したら、庄屋たちには死を以《も》って償って貰《もら》う」という脅迫の意味があったという。そして約三カ月後、難工事の末、遂に水路が完成した。事業は見事に成功し、庄屋たちは処刑を免《まぬが》れた。こうして吉井の近辺の村々は、緑豊かな田園地帯に変わったのである。

五庄屋の尽力による大石・長野水道開鑿の恩恵を被《こうむ》ったのは、農民たちだけではない。農業生産、特に米の収穫量の飛躍的な向上により、酒造業等の商工業も興《おこ》り、吉井はかつて無い程の繁栄の時代を迎えたのである。

江戸時代、吉井は酒造・製油・櫨蝋《はぜろう》の生産等、数々の産業の加工・集散の一大拠点となった。こうして吉井で擡頭《たいとう》していった豪商とその資本は「吉井銀《よしいがね》」とも呼ばれるようになり、天領である豊後《ぶんご》国日田の「日田金《ひたがね》」と比肩《ひけん》し得る程の財力を蓄える事となった。

ところで、繁栄を謳歌《おうか》する吉井ではあったが、火災だけは思い通りには行かなかった。幕末から明治初頭にかけて、吉井は三度も大火に見舞われたのだ。三度の大火を通して、吉井の町家は草葺《ぶ》き屋根の簡素なものから居蔵《いぐら》屋とも呼ばれる瓦葺きで白壁土蔵造りの耐火性の強いものが主流となったのである。

ここで注意が必要である。これは、町並みに関する書籍の受け売りであるが、現在「歴史的町並み」と呼ばれている町並みの殆どは江戸時代ではなく、明治から大正期にかけて形成されたものである。この事は、屋根の素材に顕著に現れる。江戸時代に於いては、町家建築にしても農村の民家にしても、屋根は草葺きが主流だった。瓦葺きが普及するようになったのは、明治時代以降の事である。町並みを見る際は、その事を留意する必要があるだろう。

最後に、吉井に伝わる面白い民話を紹介しよう。

昔、牛泣という村の五郎さんが、吉井の五郎さんを招待しようとした。しかし、二人共、字の読み書きが全く出来なかった。そこで牛泣の五郎さんは「梯子《はしご》で人が上へ昇っていく絵」を描いた手紙を送った。それを吉井の五郎さんが見て、「こちらへ来て欲しい」と解釈した。しかし、吉井の五郎さんは用事があったので返事として「梯子に人が引っ掛かっている絵」を描いて牛泣の五郎さんへ送った。それを牛泣の五郎さんが見て「用事があって来られない」と解釈したという（浮羽郡郷土会『宇枳波《うきは》（浮羽伝説集）第十号』より）。

筑後地方といえば河童にまつわる伝説や民話が有名だが、それ以外でもこの地方では様々な民話が伝わっている。吉井の民話を集めた本を土産に買うのも乙《おつ》なものだろう。

重伝建地区・吉井（その二）

明治時代以降、吉井では鉄道の敷設、戦争、戦後の再開発、そして重伝建地区の選定など様々な出来事があった。

この項の前半では、吉井に敷設された鉄道について言及しよう。

一九〇三年（明治三十六年）、吉井町に本社を置く筑後馬車軌道が発足する。開業後、この軌道は次第に東西へ路線を伸ばし、一九〇七年（明治四十年）には筑後軌道と改称した。その後も筑後軌道は路線を延長し続け、一九一六年（大正五年）には久留米から日田まで、総延長約五十キロメートルの長大な路線となった。ところが一九二八年（昭和三年）、国鉄久大本線が開通すると、軽便《けいべん》鉄道であった筑後軌道は輸送力に差を付けられる等の理由で営業停止を決定。そしてその翌年に、筑後軌道は開業から僅《わず》か二十六年で廃止されたのである。

ここで話は一寸《ちょっと》脱線するが、新しく敷設された鉄道路線によって、それまであった鉄道路線が廃止に追い込まれた例が北九州にもある。

明治時代、小倉から黒崎までを結ぶ大蔵《おおくら》線という路線があった。この路線は戸畑を通らず、大蔵峠を経る山地に敷設された。開業は一八九一年（明治二十四年）。

小倉～黒崎間の路線が山地に敷設された理由は、敵艦からの艦砲射撃を危惧した陸軍のごり押しがあったからだといわれている。しかしその後戸畑線が開通し、擡頭していくと、大蔵線の利用者は次第に減少していった。更に一九一一年（明治四十四年）には、西鉄北九州線（路面電車）の前身である九州電気軌道が開通した。大蔵線にとっては、この事が致命傷となった。小倉～黒崎間に駅が大蔵駅一駅しか無かった大蔵線と違い、この軌道には電停が幾つもあった。利便性の高い路面電車に客足を奪われ、大蔵線が衰頽《すいたい》していった事は、火を見るより明らかだろう。結局大蔵線は九州電気軌道の開業と入れ替わるように廃止され、以後北九州は路面電車の天下となったのである。尤《もっと》も、その北九州の路面電車も現在では完全に消滅し、バスやモノレール、自家用車に取って代わられた。

さて、このように筑後軌道及び大蔵線という二つの廃線を見てきたが、この二本の路線の違いは何だろうか。

筑後軌道の場合、国の庇護《ひご》下にある鉄道の登場によってそれまであった路線が廃止されたといえる。筑後軌道は全長五十キロメートルの長大な路線を誇っていたが、所詮《しょせん》は軽便鉄道である。国鉄の路線と比較しても、軽便鉄道ではどうしても速度や輸送力に差が出てしまう。そのような理由から筑後軌道は廃止されたのである。ところが、大蔵線の場合はこれとは全く逆である。大蔵線は国鉄の路線であったが、路面電車という小回りの利く「新交通システム」の登場によってそれまであった路線が廃止へと追い込まれたのである。

吉井の重厚さを醸し出す商家。

筑後軌道と大蔵線の例は、このように一見正反対のように見える。しかし、前記の事をよく読むと判るが、鉄道の命運を左右するのは「利便性」だったといえよう。

鉄道の話はここまでにして、今度は吉井の町並みの特徴や、町づくり等を取り上げよう。

桜の樹もすっかり葉桜となった二〇〇五年（平成十七年）四月二十七日、筆者は識者のコメントを拝聴すべく、うきは市吉井町に赴いた。今回話を伺ったのは、うきは市教育委員会生涯学習課文化財保護係で係長をされている小河誠《せい》嗣《じ》さん。小河さんは快活な筑後弁で、筆者の質問に答えて下さった。

吉井の町には妻入《つまい》り、つまり棟が道に対して垂直な家屋が多いが、その理由を小河さんに尋ねたところ、次のように回答された。

「基本的には吉井の昔の町割りは鰻《うなぎ》の寝床んごとあるやんね。それだったら平入《ひらい》りが造りにくいやんね。間口が狭いちゅう事は平入りは家の敷地割りを考えた場合、妻入りは奥まで持っていけるが平入りは続かんやんね。間口が広かったりすれば平入りの建物が出来易《やす》いけど、間口が鰻の寝床んごとある所で敷地を有効利用した場合、妻入りでずっと持っていかんと出来んやんね」

成程《なるほど》、と思ったが、ここで新たな疑問が浮かんだ。博多の町家も吉井と同様鰻の寝床のような敷地割りだが、その形式は殆ど平入り、つまり棟が道に対して水平なのだ。同じような敷地割りなのに、何故建築様式が異なるのか。まだ調べてみる余地があるだろう。

ところで吉井では一九九二年（平成四年）、第十五回全国町並みゼミが開催された。その際どんな事が話し合われたか、小河さんに伺ってみたところ、次のように仰有《おっしゃ》った。

「平成三年に台風十七、十九号で被害があったやんね。うちの町も流れとして活性化を如何《いか》に町づくりに基礎を持っていくかちゅう時に、古い町並みを生かそうと思ってそれが個性として町づくりとして位置付けをしようとばってん、なかなか住民に滲透《しんとう》せんやった。だからそれをどうするかちゅう事でその当時の町長が前回の町並みゼミ開催地の秋田県角館《かくのだて》に行ったら、吉井で（町並みゼミを）やってくれんやろうかといわれた。ならうちでやろうかちゅう事になって古い町並みを活かした町づくりをしていこうかという事になった。先ずは、お宅の家は保存する価値があると住民同士で訴えて貰おうと。そういう町並み保存連盟がするゼミを町の要望として話して貰おうちゅうプログラムを作って貰う。それと同時に住民に『お宅の町は立派な町ばい』と周りの人にいうて貰うと、守らないかんという気になるやんね。個人の財産の集合体が町並みやろが。だからそういうとを考えた場合に住民の意識を改革せなという事が町並みゼミの最大のポイントやろが」

吉井は一九九六年（平成八年）、福岡県内で初めて重伝建地区に指定され、最近では、「西の倉敷」とも称されている。しかし、そうなるまでには町並みゼミの開催があり、更にその前には台風によって町が被害に遭《あ》う等、様々な紆余曲折《うよきょくせつ》があった。また、小河さんが仰有った「個人の財産の集合体が町並み」という言葉にも考えさせられた。財産とは他人が勝手に奪って利用するものではない。とすると、町並みを活かすのも殺すのも、第三者ではなく、その土地の住民一人一人の心掛け次第だといえよう。

何の為の市町村合併か

最近では流石《さすが》に下火になったようだが、ここ数年「平成の大合併」が大きな話題となっている。全国各地で急速な市町村の再編が進んでいるのだ。筑後地方もその例に漏れず、田主丸町は久留米市に、吉井町はうきは市に再編・吸収された。そこで最後に昨今の市町村合併について書き綴っていきたい。

市町村合併のメリットは幾つかある。自治体の税収の増加、役所に勤務する職員の負担を軽減出来る、等である。

但《ただ》し、市町村合併によって生じる弊害もある。合併によって発展するのは市町村役場の近辺など自治体の中核を成す部分だけで周辺部の過疎化が生じる、行政サービスが自治体の細部まで行き届かなくなる、地域固有の文化が衰頽する、等の弊害が挙げられる。

筆者個人の意見はどうかというと、昨今の市町村合併ブームにはどうも疑念を抱かざるを得ない。

昨今の市町村合併を見ると、住民と行政が何年も話し合い、慎重に慎重を重ねた上で合併に到る、という例が少ないように見える。それどころか、行政側が一部の人間の権益の為だけに、半ば強制的に合併を推進する、という例が多いのではないだろうか。

かつて、恐竜は地球上を我が物顔でのし歩いていた。しかし、現在では恐竜は一頭も生き残っていない。恐竜が絶滅した原因については諸説あるが、身体を巨大化させ過ぎた結果、環境の変化に適応出来なくなったという説も有力視されている。

同様の事が、現在の市町村にも起こりつつあるのではないだろうか。つまり、少子高齢化の進展や、環境保全意識の高まり等といった「環境の変化」によって、面積も人口も肥大化した自治体では住民の要望に対応出来なくなる、という事である。

以上のように、筆者は昨今の市町村合併ブームを危惧している。だが、その一方で市町村の将来を楽観的に考えている。というのも、今後、自治体の運営が一進《にっち》も三進《さっち》も行かなくなった場合、今度は肥大化した市町村の解体がブームになるのではないかと考えているからだ。

ここで一旦吉井に目を向けてみよう。

市町村解体ブームが筑後地方にも波及するのなら、当然吉井も元通りの独立した自治体となる。いや、それどころかかつての五庄屋の時代のように、市町村が更に細分化されるのかも知れない。

このように、近い将来小規模な自治体が、それ程多くない住民の要望に柔軟に対応していく事が理想的になると思われる。

市町村は一部の権力者の為だけに存在するのではなく、その土地の住民一人一人の為に存在するのである。

主な参考文献

澤村仁『日本の美術7　民家と町並　九州沖縄』（至文堂）
田主丸町合併50周年記念誌『楽しく生まる田主丸ん本』
読売新聞西部本社編『歴史の町並み再発見』（葦書房）
『FUKUOKA STYLE vol.5』（福博綜合印刷）
『大石・長野水道開鑿の話』（吉井町教育委員会）
『宇枳波（浮羽伝説集）第十号』（浮羽郡郷土会）
宮脇俊三編著『鉄道廃線跡を歩くⅨ』（ＪＴＢ）
西日本新聞社編『各駅停車全国歴史散歩　福岡県』（河出書房新社）
宮脇俊三編著『鉄道廃線跡を歩くⅡ』（ＪＴＢ）
吉田桂二『日本の町並み探求　伝統・保存とまちづくり』（彰国社）
小西砂千夫『そこが知りたい市町村合併』（日本加除出版株式会社）
小原隆治編『これでいいのか平成の大合併』（コモンズ）
吉田桂二『町並み・家並み事典』（東京堂出版）

【MAP――⑦】
西の倉敷・吉井

【西の倉敷・吉井へのアクセス】

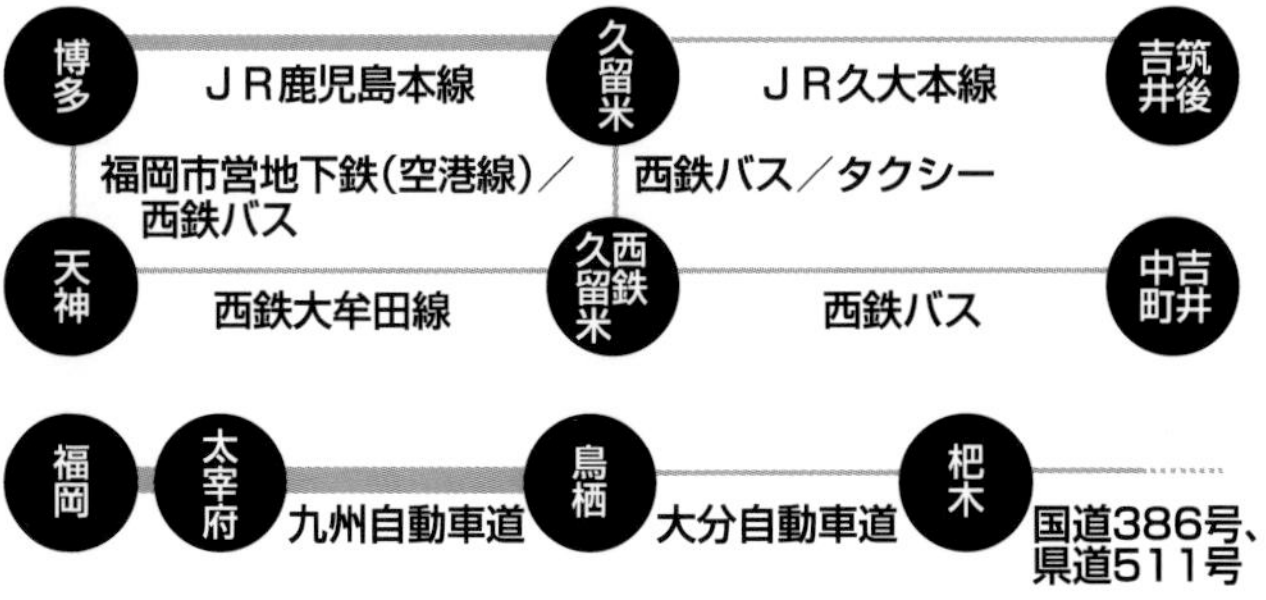

第八章……八女・福島

八女《やめ》史概略

八女福島は、新興の観光地といっても良いだろう。

この町は門司港のように明治時代以降に開発された訳ではないのだが、全国的に広く知られ、旅行ガイドブック等に記事が掲載されるようになったのは、ごく最近の事である。但《ただ》し、町並みはあまり知られていなかった八女市であるが、特産品である八女茶は古くからよく知られ、筑後《ちくご》地方を訪れた観光客が土産に買って帰る事も多い。また、八女市では、八女茶のみならず数多くの伝統工芸品が造られている。その事は後に詳しく述べよう。

ところで、そんな八女の市街地の、ほぼ中心の辺りに「東京町」という奇妙な地名の場所がある。「東京町」は「ヒガシキョウマチ」と読む。「トウキョウマチ」ではない。

閑話休題。この項の本題に入ろう。

重厚な商家が軒を連ねる八女福島の町並み。

八女の歴史は神話伝承の時代も含めると、二千以上前まで遡《さかのぼ》る事が出来るという。

今から二千二百年程前、秦の始皇帝の命《めい》を受けた徐福《じょふく》なる人物が、不老不死の薬を捜しに日本まで渡来した、という伝説がある。徐福は八女に漂着したが、間もなく死去。そこで地元の人々は彼を山に葬った。その山は「童男山《どうなんざん》」と名付けられ、以降毎年一月二十日に徐福を祀《まつ》る「童男山ふすべ」という慰霊祭が行われるようになった。

徐福は単身日本に渡来したのではなく、少年少女約三千人、数多くの技術者、更《さら》に米や麦等の穀物の種も船に積んでいたという。徐福の渡来した時期は、ほぼ弥生時代初期に重なる。徐福の日本渡来は、飽《あ》くまでも伝説に過ぎない。

だが、これがもし事実だとすると彼は、幕末に日本に来航し、明治という新しい時代を発足させるきっかけを作ったペリーと同じような役割りを果たしたといえるのではないだろうか。

時代が降《くだ》って五二七年（継体《けいたい》天皇の二十一年）に、筑紫国造《つくしのくにのみやつこ》磐井《いわい》の乱が起きた。この事件に関しては『古都太宰府』の章で既に記述したので省くが、磐井が葬られている古墳は現在の八女市吉田に所在し、岩戸山《いわとやま》古墳と呼ばれている。因《ちな》みに、天皇陵以外で被葬者が判明している古墳はこの岩戸山古墳だけだという。

さて、ここから時代は少々飛ぶが、今から四百年程前、一六〇〇年（慶長《けいちょう》五年）に関ヶ原の戦いが起きた。この時、東軍（徳川家康側）に所属していた武将・田中吉政は西軍（豊臣秀吉側）の石田三成《みつなり》を捕虜にする等、様々な手柄を立てた。その為家康は恩賞として吉政を筑後の国の大名に抜擢《ばってき》した。

吉政は先《ま》ず、立花氏の居城であった柳川《やながわ》城に入城し、築紫広門《つくしひろかど》が築城した福島城を支城とした。支城とはいえ、その構造は重厚堅牢《けんろう》なもので、本丸には天守閣を、その周囲には外郭として武家屋敷群を設けた。更に、城の周囲に三重の堀を巡らす等、福島城は単なる城下町のシンボルとしての城ではなく、本格的な難攻不落の要塞としての城郭であった。吉政は、この城に当時十二歳（十四歳との説もある）の三男康政を入城させた。

市指定文化財、堺屋。東京町《ひがしきょうまち》に所在している。

堺屋近辺に展開している町並み。なまこ壁の商家も見える。

ところで、吉政は福島城改築に際して、近くに残る古墳を毀《こわ》してそこから得た巨石を石垣等に使用したという。この事は現代人の目から見ると、仰天するような行為といえよう。だが、当時は文化財保護という概念が無かった為に、このような事は多々行われてきたのである。

ともあれ、吉政は福島城改築に余念が無かった。ところがそんな折、ある古墳から巨石を抜き出そうとした際に古墳が落盤し、数多くの死傷者を出すという事故が起きた。この事故を皮切りに、吉政の一族は次第に不幸に見舞われるようになった。

先ず、吉政の次男・田中則正《のりまさ》が剣術師範役と真剣勝負をした挙句《あげく》、怪我をしてしまい、それが原因で死去する。では長男の吉次はどうかというと、その数年前に既に廃嫡《はいちゃく》されていた。また、福島城城主・康政は、病弱だった為に吉政の跡を継げなかった。そんな訳で、吉政の跡取りは四男の忠政に決まった。

忠政が吉政の跡を継いで数年後、一六一五年（元和《げんな》元年）に大坂夏の陣が勃発した。ところが、忠政の軍は大坂城落城の後に大坂に到着した。到着が遅れた理由は、出陣式の日に筑後の国の軍が康政派と忠政派に分かれ、大乱闘になってしまったからだといわれている。

その後、大坂夏の陣と同年の一国一城令によって福島城は廃城となり、忠政も一六二〇年（元和六年）に病死。康政も改易《かいえき》されてしまう。こうして田中家は断絶したのである。

江戸時代築の商家を改築して営業している和食レストラン『ひるよけ』や、横町町家交流館等が並ぶ通り。

このような事もあって人々は「これは古墳から巨石を取ろうとした為に、神様の罰が当たったに違いない」と噂し合った事だろう。

ともあれ、八女福島の城下町時代は僅《わず》か三十年程の短期間で終わった。しかし、かの地はその後も交通・経済の要衝《ようしょう》として栄えたのである。その事については、次の項で詳しく解説しよう。

八女の町並みの特徴

江戸幕府の出した一国一城令の後、福島城は廃城となり、八女に住んでいた武士たちの殆《ほとん》どは新しい城下町・久留米へ移った。しかし、八女福島の職人や商人たちはその後も自

八女福島には、こんな建物もある。道路に面した部分を、昭和初期風に改築したものだ。

分たちが住んできた町に留まり、八女福島の地は城下町から在郷《ざいごう》町に生まれ変わった。

ここで在郷町について説明する必要があるだろう。

「在郷町」とは、江戸時代に於《お》ける、農村部に成立した商工業集落の事を指す。

安土《あづち》桃山時代末期、豊臣政権は太閤検地を実施するなどして、都市と農村を明確に区分しようとした。江戸時代に入っても建前上、商人や職人は城下町に集中する事になっていた。ところが、実際には農村の中の商工業集落は数多く存在し、為政者側でも経済的発展等の思惑から、それらの集落を解体せずに領内の経済・金融の拠点とする事が多かった。このような事から歴史学者の間でも、法的には農村だが実際には町場としての性格が強い集落を在郷町と見做《みな》す論者と、法的に町場として認められているが城下町とは異なる町を在郷町と見做す論者に分かれている。

ところで、日本では十七世紀以降になると商品経済が次第に発展していく。そして商品の生産・流通の拠点として大発展を遂げる在郷町も少なくなかった。また、この辺りから在郷町の住人の職種・商種も多様化し、飲食店等のサービス業も増加した。最後に、在郷町の住民は城下町の住民とは異なり、商・工業と農業とが分離していなかったという。つまり、普段は農村で地主をしているが商業にも手を出す者や、小作人でありながら農閑期には小商《こあきな》いをする者が多かったという事である。

在郷町の説明はここまでにして、次に八女福島の町並みの全体像について書き記そう。

八女福島では、柳川と豊後《ぶんご》を結ぶ豊後別街道に沿うような形で町並みが形成された。地図を見ると、街道はかなり曲折しており、町並みのほぼ中央には枡形《ますがた》（有事の際、兵を集めた場所）跡も見受けられる。これらの事から城下町時代の八女福島が、経済的な発展よりも軍事や防衛を優先させてきた事が判るだろう。

ところで、京都や奈良、或《ある》いは太宰府等の古代都市の町並みでは、殆どの場合道路が碁盤《ごばん》目状に造成されていた。これは、中国の古代都市を模倣したものである。また、奈良・平安時代は日

『きんぷく亭』。つい最近まで荒廃していた建物を、瀟洒《しょうしゃ》なレストランに改築したもの。

本史に於ける中弛《なかだる》みの時代といえる。平和な日々が続いたこの時代、都市は防備を考慮しなくても良かったのである。

ところが、平安時代が終わり、政治体制が貴族中心から武家中心になると事情が異なってくる。

鎌倉時代から江戸時代初期までの間、日本は幾度かの戦乱を経験する事になる。そうなると都市も防備を考慮しなければならない。そこで設けられたのが屈折した道路であり、都市周縁部の神社仏閣だったのである。

鎌倉時代以降に開発された都市の道路が何故屈折していたかというと、戦《いくさ》の際、馬で道路を突破出来ないようにしていたからである。また、『博多の下町』の章で書いたとおりだが、都市周縁部の神社仏閣の役割は、いざという時にここに兵を集めて侵略を喰い止める事である。

話を八女福島に戻そう。

八女福島の城下町時代は僅か三十年程で終わったが、その基盤は防備に徹したものであり、在郷町となった時代でもその事が受け継がれてきたといえよう。だが、江戸時代が終わり、明治時代に入ると、町並みはそれまでのように防備を考慮しなくても良い事になる。そして八女福島の町並みは、枡形が無くなるなどして現在の形に近づいたのである。

さて、都市の住人といえば、職人と商人が圧倒的に多数を占める。八女福島も例外ではない。更に、かの地では職人・商人の住居が混在するのではなく、ほぼ完全に住み分けられていたといわれている。八女福島の町並みの東方（唐人《とうじん》町・紺屋《こんや》町等）では、和紙や緑茶等を取り扱う商人型の町家が並んでいた。一方、西方（矢原《やばら》町・古松《ふるまつ》町等）には仏壇・提灯等を製造する職人型の町家が軒を連ねていたという。

このように、八女福島の町並みは城下町時代から培《つちか》ってきた防備に徹したものであり、且《か》つ、職人と商人が住み分けられていたという特徴があるといえよう。

伝統工芸の粋ともいえる、巨大な石燈籠。

伝統工芸の町・八女

　八女福島は、古い町並みが残されているだけでなく、伝統工芸品が数多く生産されている事でも有名である。

　かの地で生産されている伝統工芸品は、仏壇・提灯・石灯籠《いしどうろう》・和紙・独楽《こま》等がある。在郷町であった八女福島では様々な物資が流通し、それ等を加工して売買される伝統工芸品は、九州一円で広く愛用されたのである。

　福岡県外でも使用されている八女福島産の伝統工芸品の一例として、八女手漉《てすき》和紙を挙げよう。

　熊本県北部に、山鹿《やまが》市という町がある。この町では毎年「山鹿灯籠まつり」という夏祭りが開催される。その際、女性たちが頭に灯籠を戴《の》せて踊る「千人灯籠踊り」が披露されるのだが、その時に使う灯籠に八女手漉和紙が材料として用いられているのである。

ところで、八女の伝統工芸の歴史は、かの地が在郷町となる遙か以前の古墳時代まで遡る事が出来るのではないだろうか。というのも、この時代の筑後地方の古墳には阿蘇凝灰岩《ぎょうかいがん》によって造られた「石人石馬」と呼ばれる埴輪《はにわ》のような物が数多く配置されていたからである。この事は、古代の筑後地方に石材加工に長《た》けた技術者たちが存在した証拠といえよう。この古代の石工《いしく》たちの技術が現代まで継承され、石灯籠造りにも生かされているのである。

さて、夏真っ盛りの二〇〇五年（平成十七年）八月二日、筆者は識者のお話を伺う為に八女市役所に赴いた。

今回意見を拝聴したのは、八女市役所商工観光課商工観光係の田代秀明さん及び、商工観光課特徴あるまちづくり係の髙口愛《こうぐちあい》さんのお二方。筆者の質問は八女福島の伝統工芸に関してと、かの地の町並みに関してであったが、この内伝統工芸については田代さんが、町並みについては髙口さんがそれぞれ解説して下さった。

八女福島の伝統工芸の歴史は、いつ頃始まったのか。この質問について、田代さんはこう仰有《おっしゃ》った。

「江戸時代からが殆どと思います。仏壇・提灯は福島が中心ですけど、灯籠になると遠くの方になりますので福島とは限りません」

江戸時代、八女福島は在郷町として栄え、和紙の原料となる楮《こうぞ》や、仏壇の材料となる木材等の集散・流通の拠点となった。また、一大商業都市として繁栄する八女福島を久留米藩が無視する筈《はず》が無く、物資の集散のみならず、藩ではそれらを加工した工芸品の生産も奨励した。こうして八女福島の伝統工芸は久留米藩の殖産工業となり、藩は莫大《ばくだい》な利益を得たのである。

但し、同じ伝統工芸の中でも、石灯籠造りに関しては少し勝手が違っていたようである。石灯籠造りに使用される阿蘇凝灰岩は別名を「長野石」ともいうが、この「長野」とは現在の八女市東端の地名である。その事から石灯籠造りが盛んに行われていたのが八女福島ではなく、周辺の村だった事が分かるだろう。

ところで、これ程までに伝統工芸品の生産が盛んな八女福島であるが、かの地から消えてしまった工芸品もあるのではないだろうか。筆者のこの問いに対する田代さんの答えは、次のようなものである。

「何処《どこ》も厳しいんですけど、無くなった産業も結構あるんですよね。産業的な製品、例えば花火とか線香も殆ど無いです。後継者は確かに少ないんで、特に和紙の方は深刻な状況ですね」

現在は駄菓子等を商っている町家。放課後には小学生たちのオアシスとなっているのだろう。

　ここでは八女福島から消えた伝統工芸品の例として花火と線香の二つが挙げられたが、それらは氷山の一角で、もしかすると枚挙に遑《いとま》が無い程沢山あるのかも知れない。

　最後に田代さんに「八女福島では伝統工芸の技術を次の世代に伝える為に、どのような取り組みを行っているか」と尋ねた。

　田代さん曰《いわ》く「何処も後継者育成の方に力を入れているんですけど、具体的には後継者の研修会とか毎年いろんな形でやっています。国指定の工芸品だったら支援策があるんですけど、県指定工芸品とかその他の工芸品とかはそういった支援策がありませんのでして、バックアップも難しい状況にあります」との事である。

白壁のまばゆい商家。この建築物は、二階の窓を鉄の扉としており、防火対策も万全である。

現在、八女福島のみならず、全国各地で伝統工芸の担い手の後継者不足が深刻化している。これを解消するには、後継者となるべき人材が幼少の頃からものづくりの素晴らしさを伝え、伝統工芸に興味を持って貰《もら》う必要があるだろう。

ここで話題は変わるが、筆者は特徴あるまちづくり係の髙口愛さんにも話を伺った。

第一の質問は、八女福島の商人型町家と職人型町家の違いについてだが、この事に関して髙口さんはこう仰有った。

「商人型というのは、一階でお店をして二階は商品を置いておく所です。だから建物の形にどう現れるかというと、一階の間口が広くて開口部が広い。なるべくいっぱい戸が開くように造るんですね。で、二階は商品を置いてるので火事から守る為もあって窓が小さいんですね。次に職人型になりますと、一階で作業をして二階に住まう。一階はお店に使う訳じゃないので広くある必要はないし、二階は明かりがそれなりに入るように広めに取るんですね。そういった違いで職人型・商人型が分けられます」

成程《なるほど》、と思った。商人型町家の場合、何よりも商売や防災を優先して家屋が建てられた訳である。これに対して職人型町家では、快適さを追求していたといえよう。

ところで、ここで疑問に思った事がある。

昔の町家の階段は、勾配《こうばい》が急で非常に危険な代物《しろもの》だったという。商人型町家の場合、階段を昇降して商品を運ぶと転落しかねない。商家で仕事をする人たちは、その点をどう対処したのだろうか。高口さんにこの事を訊きそびれたのだが、機会があったらこれも調べてみたい。

次に高口さんに「八女福島の住民は重伝建地区指定をどう受け止めているか」と尋ねた。

高口さんは「住民といっても五百人以上六百人近くの数がある訳で、この中でもいろいろ意見があると思うんですけど、七十六パーセント位の方については賛成。反対は自分の私有財産が制限される、それが一番でしょう。今後大きな開発が出来なくなるので、そういった方向での活性化は出来なくなるという事ですね。ただ、一方で七十六パーセントという大方の方がこういった歴史のある、自分たちの培った大事なものを残していきたい、町並みを残す事で活性化していきたいという考えだったという事ですね」と仰有った。

町並み保存は難しい。重伝建地区指定にしても、住民の全てが賛同する訳ではない。この場合、住民が自分たちの住む町並みの素晴らしさを再発見するしかないだろう。

八女市の今後の進む道

現在、八女市の隣町・黒木町が県内四カ所目の重伝建地区指定を目指しているという。

黒木町だけでは無い。筑後地方は歴史的町並みの宝庫である。以前取り上げた吉井や草野、更に柳川等、筑後地方には趣《おもむき》のある町並みが随所に残されている。また、町並みではないが星野村には「星の文化館」という天体観測施設があり、宇宙に関心のある観光客を集めている。更に筑後市の船小屋《ふなごや》温泉は、多くの湯治《とうじ》客で賑わっている。因みに船小屋には、九州新幹線の駅が出来る予定だという。

現在のところ、八女市ではそれら周辺の市町村と協力し合って観光客を集めたり、延《ひ》いては永住希望者を集める等の動きは無いという。しかし、本書で紹介した町並み、例えば門司《もじ》港や木《こ》

この通りには、町家が三軒連続している。二階の窓は鉄扉ではない為、商人型ではなく職人型の町家と思われる。

屋瀬《やのせ》にしても、他の町並みとの交流を深めている。今後は八女市という一つの町だけでなく、周辺の市町村との連繋《れんけい》が必要不可欠となるだろう。

最後に、八女をこよなく愛した画家・坂本繁二郎《はんじろう》に言及して、この章を締め括《くく》る事にする。

かつて、繁二郎は八女を視察して「ここはバルビゾンだ」と叫んだ。バルビゾンとは、フランスのパリ郊外にある農村で、大都市には無い素朴な光景が残されている。この村には多くの芸術家がアトリエを構え、繁二郎もフランス留学時代に足繁く通っていた。

繁二郎は、知人たちから東京か奈良にアトリエを建てる事を薦められていた。しかし彼は、それらを撥《は》ね除《の》けて、東京のような大都会でも奈良のような観光地でもない、当時無名の町であった八女にアトリエを構える事にしたのである。やはり繁二郎は大都市のような煩《わずら》わしさの無い、静かな田舎町にバルビゾンを重ね合わせていたのだろう。また、八女は彼の生まれ故郷・久留米にも近く、郷愁の念もあったのかも知れない。

今後、八女福島には坂本繁二郎のように、観光だけでは飽《あ》き足らず、永住を希望する者も多くなるかも知れない。しかし、かの地は重伝建地区に指定されている以上、町並みを破壊するような再開発は出来ない。八女福島への永住希望者は多少不便でも、周囲の環境に合わせた住居に暮らすべき事を肝《きも》に銘じなければならない。

八女福島の行く末がどうなるか、これからが正念場となるだろう。

主な参考文献

松田久彦『八女を歩く　第一集』
西日本新聞社編『各駅停車全国歴史散歩　福岡県』（河出書房新社）
『國史大辭典6』（吉川弘文館）
河合敦監修『日本伝統の町』（東京書籍）
西村幸夫監修・三沢博昭写真『日本の町並みⅡ　中国◎四国◎九州・沖縄』（平凡社）

丸山雍成・長洋一編『街道の日本史48　博多・福岡と西海道』（吉川弘文館）
『八女市文化的景観形成基本調査報告書』（福岡県八女市）
吉田桂二『日本の町並み探求　伝統・保存とまちづくり』（彰国社）
『八女福島のまちづくり　まちなみ修理・修景マニュアル』（福岡県八女市）
小島直記『坂本繁二郎伝』（福岡県八女市）

【MAP──⑧】
八女・福島

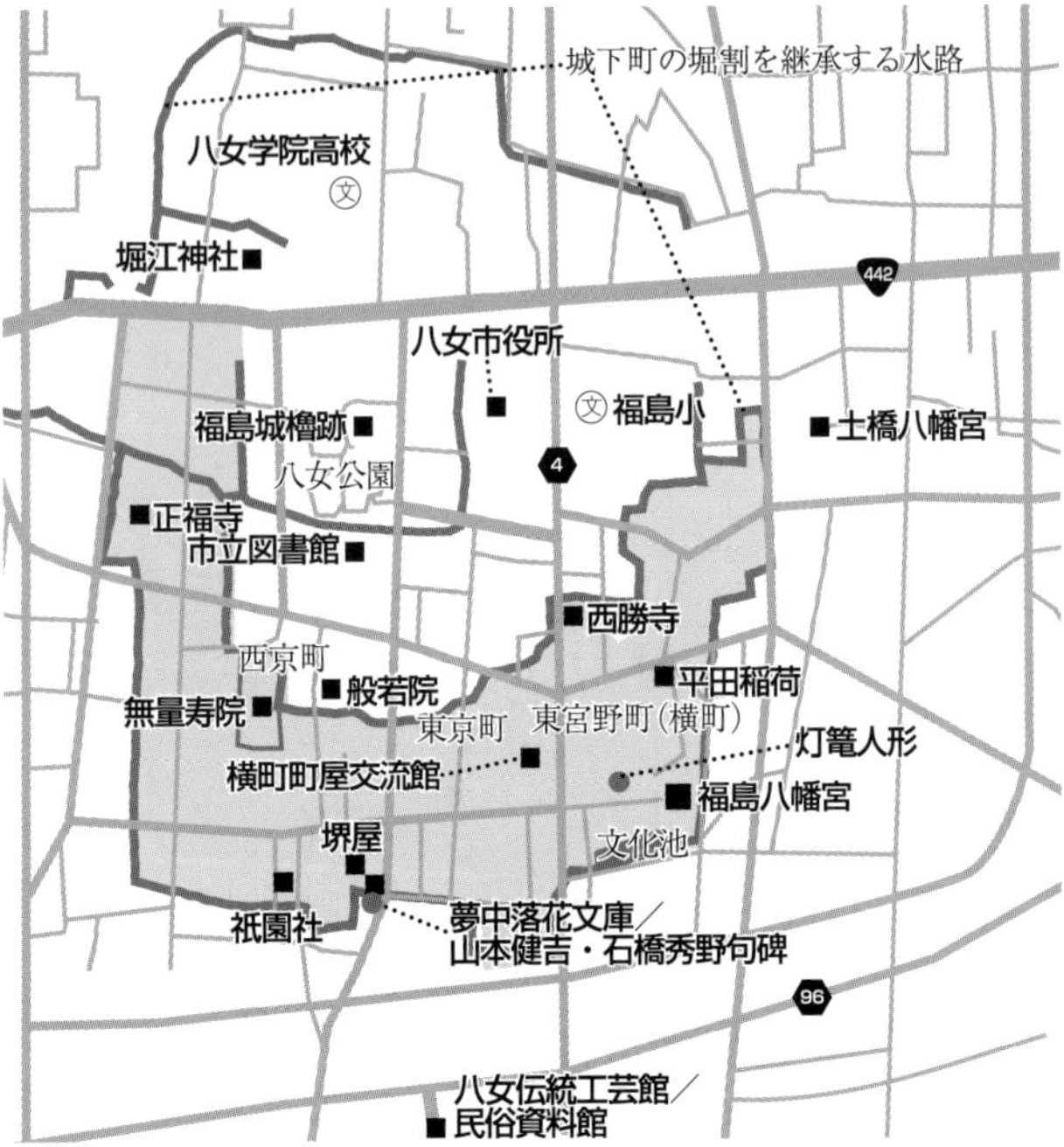
城下町の堀割を継承する水路
八女学院高校
堀江神社
442
八女市役所
福島小
土橋八幡宮
福島城櫓跡
八女公園
4
正福寺
市立図書館
西勝寺
西京町
般若院
平田稲荷
無量寿院
東京町
東宮野町（横町）
灯篭人形
横町町屋交流館
福島八幡宮
堺屋
文化池
祇園社
夢中落花文庫／
山本健吉・石橋秀野句碑
96
八女伝統工芸館／
民俗資料館

町並み保存地区

【八女・福島へのアクセス】

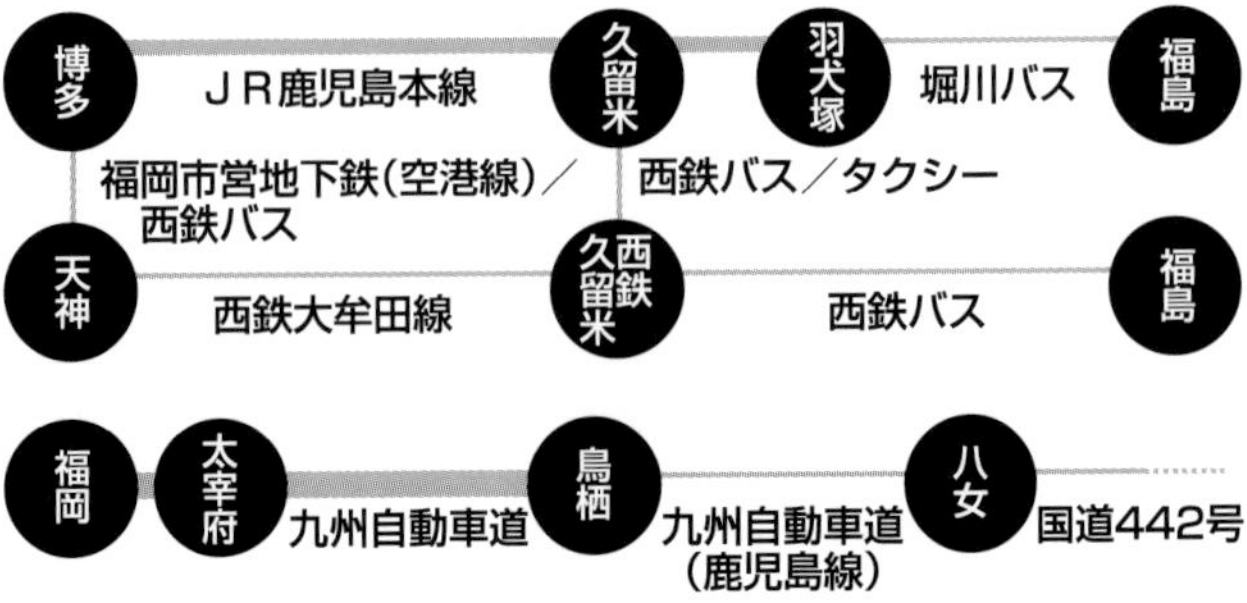
博多
JR鹿児島本線
久留米
羽犬塚
堀川バス
福島
福岡市営地下鉄（空港線）／
西鉄バス
西鉄バス／タクシー
天神
西鉄大牟田線
西鉄久留米
西鉄バス
福島
福岡
太宰府
九州自動車道
鳥栖
九州自動車道
（鹿児島線）
八女
国道442号

第九章……水郷・柳川

柳川《やながわ》史を彩った偉人たち

柳川市は、筑後《ちくご》地方随一の観光地といっても過言ではない。西鉄柳川駅から徒歩で数分の所に位地する掘割《ほりわり》には「どんこ舟」と呼ばれる小さな舟が、幾艘《そう》か舫《もや》って観光客を待っている。このどんこ舟に乗っての川下《くだ》りこそが、柳川観光の醍醐味《だいごみ》といえよう。

柳川の町は、西鉄の駅周辺を見渡しても何処《どこ》にでもあるごく普通の地方都市にしか見えない。しかし、どんこ舟に乗り、ゆっくりと水路を下っていくと、次第に情緒溢れる風景が見えてくる。また、長閑《のどか》な町の中をどんこ舟がのんびり行き交《か》う光景が絵になる為か、柳川はサスペンスもののテレビドラマのロケ地になる事も多い。今回は、そんな柳川の歴史や文化、そして町並み保存の取り組み方等について紹介していこう。

柳川の歴史は、一一八五年（文治《ぶんじ》元年）、壇の浦の戦いによって平家が滅亡した頃に幕を開ける。

絵葉書等でお馴染みの並倉。掘割に映る姿も美しい。

この戦《いくさ》で生き残った平家の残党六人が柳川（当時は「簗川《やながわ》」と記述していた）に落ち延び、武士の肩書きを棄《す》てて漁業を始めた。彼ら六人は「六騎《ろっきゅう》」とも呼ばれ、かの地に様々な技術や文化を齎《もたら》したという。

平家の落人《おちうど》伝説は、日本各地に伝わっている。柳川に於《お》ける六騎の伝説も、事実であるかどうかは判然としない。しかし、柳川地方には平家の落人の子孫とされる人々が少なからず存在するので、強《あなが》ち伝説の全てを否定する事は出来ないだろう。

さて、ここから時代は少々飛ぶが、戦国時代真っ只《ただ》中の一五六七年（永禄《えいろく》十年）、後に名将と称される立花宗茂《むねしげ》が豊後《ぶんご》国で誕生する。宗茂の父・高橋紹運《じょううん》は、豊後国を領有していた大友

柳川藩主の別邸だった御花《おはな》。九州の鹿鳴館《ろくめいかん》とも称されている。

宗麟《そうりん》の家臣である。

宗茂は三歳の頃、宗麟の命によって父と共に筑前国に移住した。宗茂の幼少期については様々な逸話があるが、紙数の関係もあるので割愛しよう。

一五八一年（天正《てんしょう》九年）、宗茂は十五歳になり晴れて元服をするが、この年には宗茂の身に様々な出来事が起こった。先《ま》ず、筑前《ちくぜん》の立花城（福岡県糟屋《かすや》郡新宮《しんぐう》町）城主・戸次道雪《べっきどうせつ》から「娘の誾千代《ぎんちよ》の婿になってほしい」といわれ、宗茂は立花城に入城した。更《さら》に同年、彼は秋月種実《あきづきたねざね》の軍勢と一戦を交えた。これが宗茂にとっての初陣《ういじん》となる。

その後も宗茂は様々な戦に赴《おもむ》いては快勝を遂げ、豊臣秀吉の九州平定後は柳川城に入城した。つまり、大友宗麟の一家臣から、一国一城の主となった訳である。

柳川には武家屋敷も数棟残っている。この建物もその一つだ。

宗茂が二十代後半から三十代前半の頃、豊臣秀吉は朝鮮・明を征服しようとして、二度に亘《わた》って朝鮮に出兵した（文禄《ぶんろく》・慶長《けいちょう》の役）。この戦では宗茂も出陣し、朝鮮・明の連合軍を相手に戦い続けたが、秀吉の死によって計画は頓挫《とんざ》。宗茂の軍を初め、日本兵は一斉に撤退した。

一六〇〇年（慶長五年）、今度は日本で内乱が勃発する。所謂《いわゆる》関ヶ原の戦いである。この戦では宗茂は西軍（豊臣方）に与《くみ》していた為、戦後、宗茂の居城・柳川城は田中吉政に明け渡される事になった。

田中氏の柳川城入城から御家《おいえ》断絶までの顛末《てんまつ》は、『八女福島』の章で取り上げたのでここでは省くが、この間《かん》宗茂は御書院番頭（将軍直属の親衛隊の隊長）を務めたり、奥州棚倉《たなぐら》（福島県

柳川で見つけた瀟洒《しょうしゃ》な歯科医院の建物。数十年後には文化財に指定されるのだろうか。

東白川郡棚倉町）の大名に封じられたりと有《う》為転変《いてんぺん》の激しい人生を送った。しかし、田中家の改易《かいえき》後、宗茂は再び柳川藩の大名に返り咲いた。以後、一六四二年（寛永《かんえい》十九年）に宗茂が死去した後も、柳川藩では立花家の治世が幕末まで続いたのである。

柳川にゆかりのある偉人は、もう一人いる。江戸時代初期の儒官・安東省菴《あんどうせいあん》である。

省菴は一六二二年（元和《げんな》八年）、宗茂が五十五歳の時に誕生した。幼少の頃の省菴は、武道一辺倒の日々を送っていた。省菴は十六歳の時に腫《は》れ物を患《わずら》っていたにも拘《かかわ》らず島原の乱に参戦したが、この戦が彼の人生の大きな転機となったようである。

立花宗茂と宗茂の息子・忠茂は、「これか

らは武道ではなく文教を興隆させるべし」と考えており、その指導者として省菴に目を付けていた。省菴も、島原の乱で散々苦しんだ後は武人ではなく学者として身を立てようと決心し、京都や長崎等に赴いては著名な学者の許《もと》で学問に励んだ。

省菴の生きていた時代、中国では明が滅び、清が興《おこ》ろうとしていた。この頃、満州民族の国である清の支配を快《こころよ》しとしない中国人学者たちが、多々日本に亡命して来た。省菴も彼らと接する事が多く、特に朱舜水《しゅしゅんすい》という学者と親交を深めていた。

省菴は三十五歳の時、柳川藩藩士の子弟の教育を担当する事になった。この時開いた家塾が藩学伝習館《でんしゅうかん》の母胎となり、省菴が死去した後も、彼の子孫等によって柳川藩を支える人材を育成してきたのである。

このように、柳川の歴史や文化は平安時代末の六騎や、戦国時代の立花宗茂、江戸時代初期の安東省菴等の偉人たちによって形成されてきたといえるだろう。こうして江戸時代の約三百年間は柳川でも平和な日々が続き、やがて明治という新しい時代を迎えるのである。

史跡、北原白秋生家。白秋は幼年期から青年期まで、ここで旧家の「トンカジョン」として大切に育てられた。

白秋《はくしゅう》の愛した町

ここからは、詩聖・北原白秋の生涯と戦前戦後の柳川の変遷について見ていこう。

近代の柳川が生んだ最大の偉人といえば、やはり北原白秋を措《お》いて他は無いだろう。

北原白秋は本名を北原隆吉《りゅうきち》といい、一八八五年（明治十八年）に造り酒屋「油屋」（或《あ》いは「古問屋《ふっどいや》」とも呼ばれた）の跡取り息子として誕生した。余談だが、柳川では良家の長男の事を、「トンカジョン」といい、白秋も著書の中でよくこの語を使っている。

時代が二十世紀を迎えた年である一九〇一年（明治三十四年）、柳川で大火災が起き、北原家の建物も甚大な被害を受けた。この火災をきっかけに北原家の家運は次第に傾いていったが、当時十六歳であった白秋はそのような逆境にもめげずに文学にのめり込んで行った。また、この頃に彼は「白秋」というペンネームを用いるようになった。

白秋は十九歳の時に県立中学伝習館を退学し、上京して早稲田大学に入学。そして様々な詩人と交流を深め、詩壇での地位を築きつつあった。このように、白秋の詩人としての人生は順調に見えた。ところがそんな折、一九〇九年（明治四十二年）に生家「油屋」が破産してしまう。そして北原家の一家は、白秋を頼って上京したのである。

この年、白秋はデビュー作である詩集『邪宗門《じゃしゅうもん》』を上梓《じょうし》する。その後も彼は、詩集・歌集・童謡集を立て続けに刊行していたが、一家を食べさせていくにはそれでも足りなかったようである。その為、北原家は非常に貧しい暮らしをしていたという。しかし詩文集『雀の生活』がベストセラーとなり、北原家は窮乏生活から脱却する事が出来た。以後白秋はとんとん拍子《びょうし》に詩人として成功し、五十七歳でその生涯を閉じたのである。因《ちな》みに、白秋の臨終に際しての言葉は「新生だ」の一語と伝えられている。

白秋は田中善徳《ぜんとく》との共著である写真集『水の構図』の序文に「水郷柳河《やながわ》こそは、我が生れの里である。この水の柳河こそは、我が詩歌の母胎である」と記している。この文章は一九四二年（昭和十七年)、白秋の亡くなる寸前に書かれた。この一文こそが、白秋の作品に通底している思想の全てが柳川の町で育まれたことを表現しているといえるだろう。

さて、白秋の亡くなった年は、太平洋戦争の最中である。この戦争は一九四五年(昭和二十年)、日本の敗戦という形で終わった。そして時代は新たな展開を見せる事になる。

柳川といえば、掘割を抜きにして論じる事は出来ない。

戦前まで、柳川の人々は炊事や洗濯をしたり、魚を釣ったりと様々な事に掘割を利用していた。更に、出産に際しては掘割の水を沸かして産湯《うぶゆ》にしたり、大人が子供に水泳を教えたり、舟で物資を運搬したりと、掘割は人々の生活に密着し、無くてはならない存在だった。

このように、柳川の住民たちにとって切っても切れない関係であった掘割だが、終戦を迎え、生活が豊かで便利になるにつれて、次第に汚染が進行するようになった。水質の汚濁は昭和二十年代から始まり、昭和三十年代には惨憺《さんたん》たる状態となった。

ところで、昭和三十年代とはどういう時代だったか。最近、昭和三十年代が大ブームとなっており、映画等でもこの時代を舞台としたものがしばしば見受けられる。それ故《ゆえ》に、昭和三十年代を懐しく思い起こす人も多いだろう。筆者もタイムマシンがあったら昭和三十年代の世界に行きたいと思っている程、この時代に対して強く憧れている。しかし、現実には丁度《ちょうど》この頃から環境

掘割を下るどんこ舟。故ジョン・レノンの夫人オノ・ヨーコ氏の実家は、写真の場所の近所にあった(現存しない)。

破壊、過剰なまでの都市への人口流入、青少年による兇悪犯罪等が顕在化してきた。それ故に、昭和三十年代という時代を手放しで讃美する事は慎むべき事なのかも知れない。

さて、昭和三十年代、柳川にも近代化の波が押し寄せてきた。水道の整備によって人々はそれまでのように掘割の水で炊事・洗濯をする事は無くなり、道路の整備と自動車の普及は舟運という運搬手段を放逐《ほうちく》した。更に、家電製品が各家庭に行き渡るなど、余りにも急激な変化がこの時代に起きた。これらの変化によって、人々の生活は確かに便利になった。だが、その便利さを代償とするかのように、自然環境は次第に汚染されていった。この事は柳川だけでなく、当時の日本各地で見

柳川の掘割と、その畔に建つ商家。

られた事なのである。

日に日に汚染されていく柳川の掘割。これを見兼ねた柳川市は一九七七年（昭和五十二年）、遂に掘割の半数以上を埋め立てる計画を打ち出した。

しかし、柳川の市民たちはその事を傍観してはいなかった。掘割の役目は舟運や炊事・洗濯用水を供給するだけではない。掘割には洪水から町を守ったり（遊水機能）、旱《ひでり》の際には用水路となったりする機能（貯水機能）もある。つまり、掘割には長い歴史の中で先人たちが培《つちか》ってきた智慧《ちえ》や創意工夫が含まれているのだ。そんな掘割を、汚染されたからといって安易に埋め立てて良いのだろうか。掘割の埋め立ては歴史との断絶を促《うなが》し、町は何の魅力もない場所と化してしまうのではないだろうか。そう考える市民たちが立ち上がり、掘割の浄化・再生に乗り出した。この事は、次の項で詳しく解説しよう。

掘割は何故生まれたか

そもそも、柳川の掘割はいつ頃誕生し、どんな歴史を辿《たど》ってきたのか。

柳川の掘割の誕生や、その他諸々について詳しく知る為に、筆者は二〇〇五年（平成十七年）十一月二日の秋晴れの中、柳川市役所に赴いて総務部企画課企画係の野口貴光《たかみつ》さんにお話を伺った。歴史的町並みについて識者にお話を伺うのも、これで最後となる。

柳川の掘割の誕生について、野口さんはこう仰有《おっしゃ》った。

「元々柳川市の南西部一帯は海だったんですよ。有明海は世界一干満の差が激しい所でですね、潮が退いた時に土を入れて、満潮の時にまた別のという感じで土で埋め立てていったんですね。それが弥生時代から既にされていたという事です。その際に、海を埋め立てて土地を造ってますんで、土地自体に塩気があるという事で掘割を造ったという話ですね」

かつて、柳川の住民たちは、掘割の水を飲料水としていた。その理由は井戸を掘ったとしても

掘割に面した家屋には、このような汲水《くみず》場がある。かつてはここから水を汲み、炊事や洗濯がされていた。

塩分を含んだ水しか出ず、飲用には適さなかったからである。だからこそ柳川の住民は堀割をつくり、塩分を含まない水を引き込んだのである。そして柳川の掘割は、かの地が歴史の表舞台に登場する遙《はる》か以前に誕生し、子々孫々に受け継がれてきたといえよう。

次に「掘割に面した柳川の家屋は、どのような特徴を持っているか」という質問をしてみた。この事について、野口さんはこう答えられた。

「以前はですね、掘割に面した家には必ず『汲水《くみず》場』という水汲み場があってですね、そこで朝早く水を汲んで、昼間の舟とか通る時期には（水が）汚れますんで、洗濯したりとか、そういう生活に密着した使い方をされてたそうなんですけど、現状ではそういった事はされてないですね。ただ、その掘割の川下りコース沿いには伝統美観条例というのがありまして、景観をあまり損わないような建物を建てて下さいという努力義務のような条例があります」

この野口さんの回答には補足が必要だろう。

昔の柳川の家屋には、何処《どこ》も「溜《ため》」と呼ばれる穴があった。溜の役割は、生活廃水を中に入れ、汚れを沈澱させたり微生物に分解させたりして水を浄化することである。そして浄化された水は、再び掘割に流し込んだという（柳川市発行のパンフレット『掘割なぜなぜ物語』より）。

このように、柳川の住民たちは汲水場や溜を通して長い間掘割と付き合ってきたのである。

更に野口さんに質問をしてみる。今度は、「柳川の住民は掘割の浄化・再生の為に、どんな事を行ってきたか」というものである。

野口さん曰《いわ》く「地区地区でですね、その地区の掘の清掃を半年に一回とかそういう期間ごとに行ってます。これは掘干しといって、水を全部停めて、その水を干上《ひあ》がらせた所で川底の土を攫《さら》えています」との事である。

柳川の掘割にとって、掘干しは重要な年中行事である。市民たちはその際に、水の無くなった掘割に降りてゴミを拾ったり、底に溜まった泥を集めたり（集めた泥は肥料として利用される）する。こうする事によって柳川の美しい風土が維持されてきたのである。

どんこ舟から撮った並倉の写真。陸上から観るのとはまた違った美しさがある。

柳川の掘割は、ごく最近まで悪臭を放つゴミ捨て場同然の場所だった。そうなると当然、掘割は蚊《か》や蠅《はえ》の楽園となる。蚊や蠅も生態系には必要と思うが、それでも柳川に於けるこれら害虫の蔓延《まんえん》は尋常ではなかった。しかし、「このままではいけない」と考えた市民たちが立ち上がり、ヘドロ塗《まみ》れになるのも厭《いと》わず川底を浚渫《しゅんせつ》するなど、掘割の浄化・再生に努めた結果、害虫が減少し、美しい水郷を取り戻す事に成功したのである。

　最後に、北原白秋が提案した柳川の都市計画に言及して、この項を締め括《くく》る事にしよう。

　白秋が柳川の都市計画について一家言《いっかげん》を持っていた事は、あまり知られていない。しかし『柳川新報』に掲載された彼の都市計画論

柳川の町は、どんこ舟の上から観るのが一番美しい。また、どんこ舟の船頭さんから話を聴くのも一興だろう。

は当時、非常に好評だったらしい。

　白秋は、柳川城趾《じょうし》を市民に開放し、公会堂や図書館・美術館等を建設して将来は城趾附近の広場に汽車や電車の駅を設けるべし、と主張していた。この主張の背景には、一八七二年(明治五年)に柳川城が焼失し、城趾が競売にかけられた挙句《あげく》、農地にされてしまったという事実がある。白秋はその事に大いに憤慨し、前記のような都市計画論を提唱したという。

　更に白秋は「日本の勢力は中国や東南アジアにまで及んでいる」、「世界の古代文明は大陸内部で発祥し周辺地域に伝播した」との二つの理由から「柳川を日本の首都にすべし」と主張していた。この主張は「植民地支配を前提とするもの」と批判される向きもあるが、それ以上に強いものは、白秋の故郷を想う心だといえよう。

現在、柳川市は日本の首都どころか、人口十万人にも満たない一地方都市となっている。しかし、柳川には大都市には無い、美しい水辺の風景があり、平和を感じさせる町並みがある。柳川がもし大都市になっていたら、それらは確実に蹂躙《じゅうりん》されていただろう。もしかすると白秋の霊も、柳川が日本の首都にならなくて、草葉の陰でほっとしているのかも知れない。

水郷のネットワーク作り

先に筆者は『門司《もじ》港レトロ地区』の章で、「全国京都会議」ならぬ「全国神戸会議」を設立してみてはどうか、と提案した。つまり、全国各地の港町や洋風建築の町を結び付けるネットワーク作りである。同様に、全国各地の水郷を結び付けるネットワーク作りをしてみてはどうか、と考えたが「全国水の郷《さと》連絡協議会」という組織が既に存在しているそうである。

全国各地に点在する水郷の規模も様々である。人口一万人にも満たない滋賀県マキノ町から、意外な事に東京に次ぐ大都市である神奈川県横浜市まで、まさに百花繚乱《ひゃっかりょうらん》といえよう。

これら全国各地の水郷も、高度経済成長期には柳川同様汚染が進み、魚や昆虫等は殆《ほとん》ど姿を消していた。しかし、「このままで良いのだろうか。自然あってこその人間ではないか」と考えた住民たちの尽力により、次々と美しい水辺の風景を蘇《よみがえ》らせてきたのである。

水郷の恩恵を受けるのは人間だけではない。魚や昆虫など、水辺に棲《す》む全ての生き物が暮らしていけてこその水郷なのである。

ここで海外の水郷にも目を向けてみよう。

世界で最も有名な水郷といえばヴェネツィアであろう。この町はラグーナ（潟）という水域に所在し、百二十二もの小島から成り立っている。ラグーナはリド島と呼ばれる島によってアドリア海から隔てられているが、この島が水門のような働きをして水を浄化しているそうである。

アジアにも目を向けてみると、中国の蘇州やタイのバンコク等の水郷がある。これらの町については紙数の都合で割愛するが、交通機関の発達やインターネットの普及等によって、海外の水郷も以前に比べると非常に身近になったといえよう。

因みに柳川市は、オランダのブレーデルウィーデー市と姉妹都市提携をしており、韓国とも交流を深めている。

最後に、町並みを構成する要素は建築物だけとは限らない。英彦山《ひこさん》の場合は手付かずの自然であり、秋月の場合は武家屋敷地跡に広がる田園地帯である。そして柳川には、美しい水辺の風景がある。この水辺の風景こそが、現代から未来に亘って子々孫々に受け継がせるべき、掛け替《が》えの無い柳川の財産なのである。

主な参考文献

黒田道闊『柳川の平家伝説　小説六騎伝』
河村哲夫『西日本人物誌13　立花宗茂』（西日本新聞社）
松野一郎『西日本人物誌6　安東省菴』（西日本新聞社）
横尾文子『西日本人物誌3　北原白秋』（西日本新聞社）
馬渕公介『小さな江戸を歩く　西国路編』（小学館）
読売新聞西部本社編『歴史の町並み再発見』（葦書房）
『掘割なぜなぜ物語』（福岡県柳川市）
柳川市史編集委員会・別編部会『新柳川明証図会』（柳川市）
新藤東洋男『北原白秋の都市計画論』（創流出版）
『全国水郷探訪シリーズ②　水の郷　かよいあう水と人々』（柳川市）
『全国水郷探訪シリーズ③　水の郷　水にひらかれる未来』（柳川市）

【MAP――⑧】
水郷・柳川

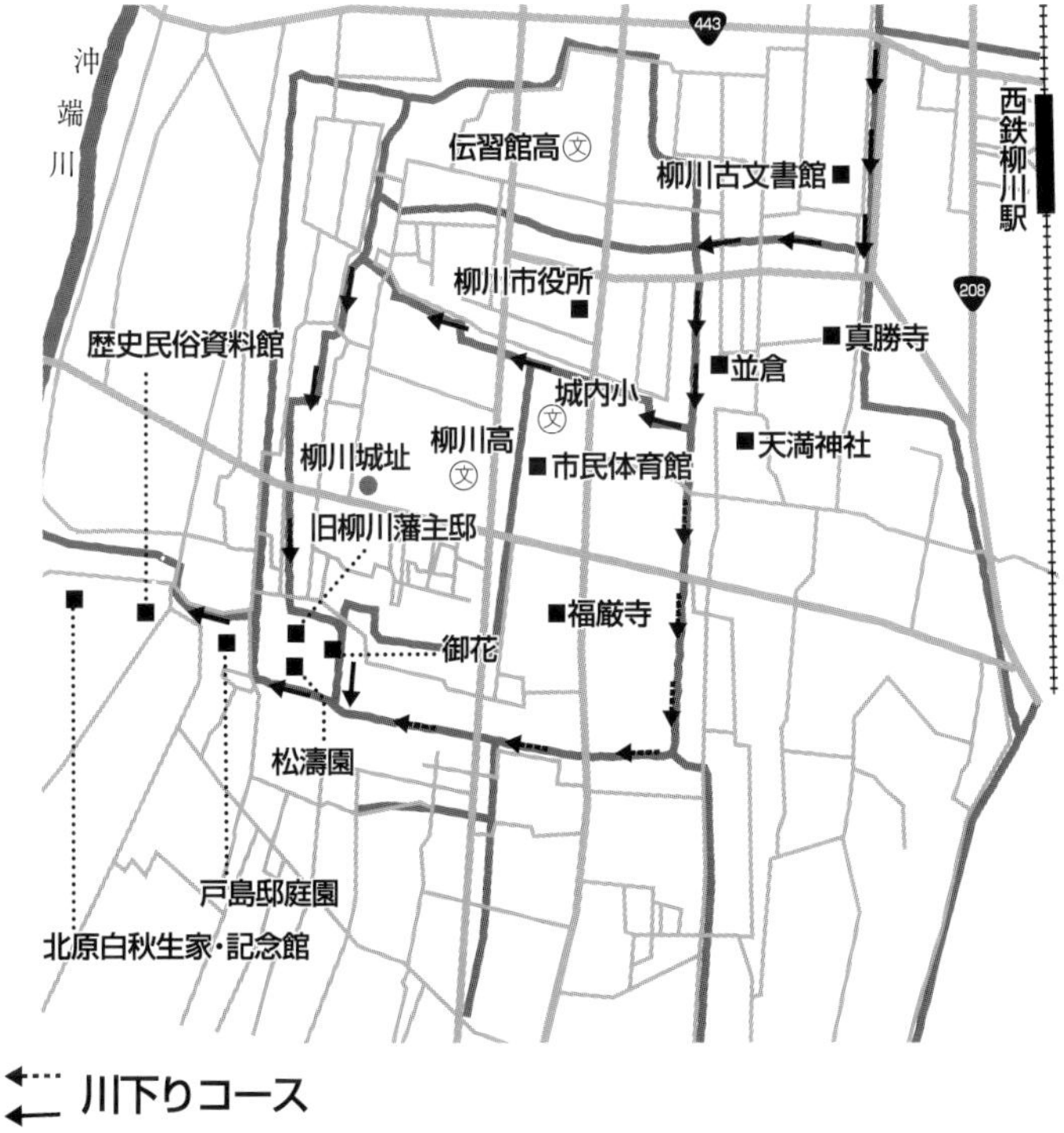
443
沖端川
伝習館高
柳川古文書館
西鉄柳川駅
柳川市役所
208
真勝寺
歴史民俗資料館
並倉
城内小
柳川高
天満神社
柳川城址
市民体育館
旧柳川藩主邸
福厳寺
御花
松濤園
戸島邸庭園
北原白秋生家・記念館
川下りコース

【水郷・柳川へのアクセス】

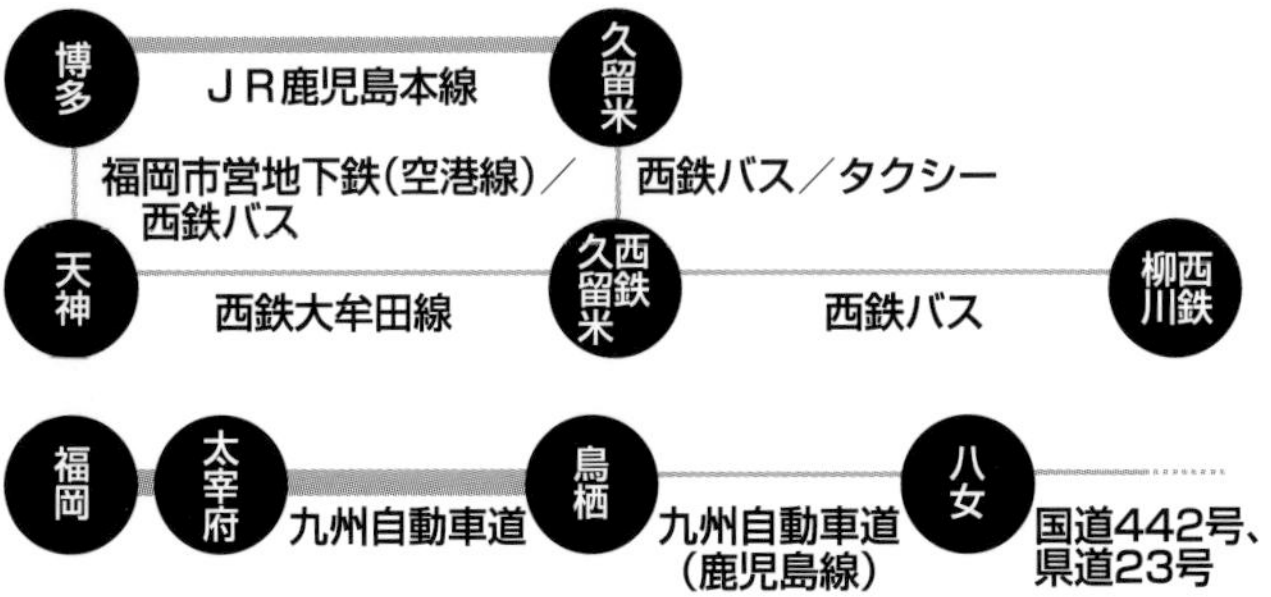
博多
JR鹿児島本線
久留米
福岡市営地下鉄(空港線)／
西鉄バス
西鉄バス／タクシー
天神
西鉄大牟田線
西鉄久留米
西鉄バス
西鉄柳川
福岡
太宰府
九州自動車道
鳥栖
九州自動車道
(鹿児島線)
八女
国道442号、
県道23号

第十章……新柳町・城内

そして町並みの未来

この章では、昭和初期まで歓楽街として繁栄した「新柳町《しんやなぎまち》（現・福岡市中央区清川二丁目、三丁目）」及び、福岡城内の、大陸から引き揚げてきた人々や、空襲で焼け出された人々を中心として形成された住宅街・通称「城内住宅《じょうないじゅうたく》」を紹介する。

遊廓の町・新柳町

新柳町は、一九五八年（昭和三十三年）に売春禁止法が施行されるまでは、妓楼《ぎろう》の建ち並ぶ歓楽街であった。しかし、新柳町は古くから続く歓楽街ではなく、その歴史は意外に新しいのである。

さて、新柳町について述べる前に、この町の前史を取り上げる必要があるだろう。

江戸時代初期、現在の下呉服町や大博町《たいはくまち》辺りの場所に、福岡藩公認の柳町遊廓が設けられた。この町は遊女町という特殊な性格を持った町である為か、長い間博多のどの流《ながれ》（豊臣秀吉が「太

木造の民家が連続する、下町情緒溢れる町並み。

閣町割《まちわり》」と呼ばれる博多の町の区画整理を行った際に成立したもので、十数カ町によって構成された自治組織を指す）にも属さなかった。しかし、江戸時代中期辺りになると、柳町は新町流の一町として認められ、博多松囃子《まつばやし》等の行事にも参加出来るようになった。

こうして柳町は江戸時代を通して福岡藩随一の歓楽街として栄え、繁栄の余韻《よいん》は明治時代末まで続いた。

ところが、一九〇三年（明治三十六年）、繁栄を謳歌《おうか》する柳町に、転機が訪れる。

この年、柳町遊廓から一キロメートル程離れた筑紫《ちくし》郡千代《ちよ》村東松原に、京都帝国大学福岡医科大学（現・九州大学医学部）が設立された。そうなると、「大学の近くに遊廓があると、大学の風紀が乱れる」という世論の声も高まり、遊廓を移転させる計画が持ち上がったのである。

当然、柳町遊廓の楼主たちは、その計画に猛反対した。彼らの中には政府に対して裏工作を働きかけ、移転案を廃案にしようとした者もいた。また、当時の総理大臣・桂太郎《かつらたろう》の実弟までもが、移転案の廃案工作に乗り出そうとしていたという。尤《もっと》も、その桂太郎の実弟の目的は、この機会に便乗して業者からの接待を受け、只《ただ》で呑み喰いをする事だけだったらしいが。

一方、移転推進派も事態を傍観していた訳ではなかった。

移転推進派の筆頭ともいうべき人物が、博多の豪商・渡辺与八郎《よはちろう》である。彼は、単に遊廓の移転だけを唱えていた訳ではない。与八郎は、遊廓移転後の交通機関を確保する為に、博多駅・住吉・天神等を結ぶ、路面電車の循環線を敷設する計画も構想していたのである。

ところで、渡辺与八郎は一九〇一年（明治三十四年）に、大学の誘致運動の資金として、当時の金額で五千円という大金を出資したそうだが、この事も彼が遊廓の移転を推進した理由の一つと考えられる。

更《さら》に、遊廓の移転問題に関する事柄で忘れてはならないのが、救世軍《きゅうせい》（キリスト教の一派）である。彼らは遊廓移転の推進・反対ではなく、遊廓の存在そのものを批判し、廃娼《はいしょう》運動を熱心に行っていた。つまり、奴隷のように人身売買され、強制的に売春をさせられる女性たちの解放を唱

かつての新柳町（現・清川）には、銭湯も残っている。廃業して欲しくないものだ。

えていたのである。

当然の事ながら、救世軍と妓楼との間のトラブルも絶えなかった。楼主たちは用心棒を雇い、救世軍を追い払おうとしたが、それでも彼らは無抵抗のまま、遊廓の前で廃娼を唱えたのである。

このように、遊廓の移転問題を巡っては、三者三様の思惑があった。しかし、結局の所、遊廓の移転が決定し、柳町から次々と妓楼が撤去されていった。

さて、柳町に代わって新たな歓楽街が形成された場所が、現在の清川地区の渡辺与八郎が所有していた土地である。この土地は当時、「追い剥《は》ぎが出没する」とまでいわれたうら寂しい場所だったが、遊廓の移転先に決定した途端、地価が急騰《きゅうとう》し、当初一坪二十銭だった地価が、遊廓の移転が本格化すると、一挙に五円、十円に昂騰《こうとう》したのである。

このような地価の上昇を見て、妓楼の移転に躊躇《ちゅうちょ》する楼主もいたが、渡辺与八郎ら移転推進派の後押しもあって、一九一一年（明治四十四年）にはほぼ全ての妓楼が清川地区に移転した。清川地区に新たに誕生した歓楽街は、「新柳町」と名付けられた。元々の地名は「高畠《たかばたけ》」といったが、遊廓移転を契機に「新柳町」と改名されたのである。

一方、遊廓移転後の旧柳町には、大浜小学校（現在は廃校）が建てられた。遊廓の跡地に、事もあろうに小学校が建設されたというのは、歴史の皮肉というべきであろうか。

ともあれ、新柳町は明治末期から大正時代にかけて、急速に開発が進んだ。この時期、かの地では路面電車の開通や福岡市への編入等が実施され、単なる片田舎から大都市の一部へと変貌していったのである。

新柳町遊廓の最盛期は、一九二三年（大正十二年）頃といわれている。この時期、妓楼は四十九軒、そこで働く女性は六百人以上に達したという。また、新柳町には妓楼だけでなく、商家や映画館、カフェ等も建ち並び、殷賑《いんしん》を極めた。

ところで、ここでいう「カフェ」とは、単なる喫茶店の事ではない。大正時代から昭和初期に

清川に残る重厚な建物。かつては恐らく商家だったのだろう。

かけてのカフェは、女性の給仕を雇い、アルコール類も揃えていた、現代でいうバーのようなものだった。つまり、「カフェ」とは金のある男性が女性目当てに通うという点では、遊廓と然程《さほど》の差は無かった訳である。

話を新柳町遊廓に戻そう。

日本では昭和初期、頽廃《たいはい》的な風潮が蔓延《はびこ》り、やがて日中戦争、更に太平洋戦争へと突入していった。頽廃的な文化の中では、遊廓もそれなりに儲《もう》かったらしいが、戦争が始まると数多くの男性が戦場に駆り出され、遊廓に通うどころではなくなった。

更に、太平洋戦争の最中、新柳町も空襲の被害に遭《あ》い、町の半分が焼失した。

戦後、新柳町は復興に着手し、所謂《いわゆる》赤線地帯

この重厚な塀は、現在も清川に残る高級料亭のものである。

として、最盛期には及ばぬものの繁昌した。しかし、この項の冒頭で述べた通り、一九五八年（昭和三十三年）の売春禁止法の施行によって、新柳町は歓楽街としての歴史に終止符を打ったのである。

現在、新柳町は歓楽街のイメージを払拭《ふっしょく》する為か、「清川（二丁目、三丁目）」と名を変え、遊廓の面影は殆《ほとん》ど消えてしまった。しかし、町の中を注意深く観て歩けば、格子《こうし》窓を取り付けた木造の家屋がちらほらと見受けられる。これらの建造物が、かつて歓楽街として繁栄を謳歌した新柳町遊廓の名残《なご》りといえるだろう。

もう一つ付け加えるが、かつて歓楽街があったかの地には、今は高層マンションが幾棟も建ち並んでいる。現在、この町の住民の中には、昔ここに遊廓があった事を知る人も少なくなったに違いない。

以上が遊廓の町・新柳町が辿《たど》ってきた歴史のあらましである。単なる片田舎から突然歓楽街として開発され、そして衰頽《すいたい》していったこの町は、まさに歴史に翻弄《ほんろう》されてきた町だといえるだろう。

福岡市中央区の城内住宅について

次に取り上げる町は、通称「城内住宅」である。

一八七一年（明治四年）の廃藩置県の後、福岡城内には一時期、福岡県庁が設置されたが、程《ほど》無く県庁は移転し、その後この地には歩兵第二十四連隊の兵営が置かれた。

更に一九四〇年（昭和十五年）には、西部軍司令部が小倉から福岡城内に移された。太平洋戦争の際は防空の指揮を執《と》るなどしたが、やがて終戦を迎えたのである。

ここで少し、福岡空襲について見ていこう。

福岡空襲は、一九四五年（昭和二十年）六月十九日午後十一時に始まった。資料を見ると、罹災《りさい》戸数一万二千六百九十三戸、罹災人口は六万五百九十九人に達したとある。これは当時の福岡市

現在の城内住宅地。雑草が繁茂する空地が目立つ。

の戸数の三十三パーセント、人口の四十四パーセントが被災している事になる。それ程当時の空襲が激しかった訳である。また、西部軍司令部の置かれた福岡城内も、軍事施設が存在する故に、爆撃機の標的となった。

終戦を迎えると、行政は新たな問題を抱える事となった。

周知の通り、太平洋戦争は日本の敗北という形で終わった。それ故《ゆえ》に、日本はアジアや太平洋各地の全ての領土を手放す事となり、引揚者が一斉に日本本土に押し寄せてきた。

彼ら夥《おびただ》しい引揚者と、爆撃によって家や財産を失った人々の救済が、新生日本政府の緊急の課題となったのである。

人間の生活に於《お》ける最も基本的な要素は、衣・食・住の三つである。終戦当時は、これらの要素を欠いて暮らす人間が続出したが、取り分け深刻なのは、住宅の不足だった。

福岡市でも、住宅不足は深刻な状況だった。そこで目を付けられた土地が、西部軍司令部が置かれていた福岡城内だったのである。

城内町民館。公民館のようなものと思ってよいだろう。

一九四六年（昭和二十一年）六月、住宅営団によって、城内に住宅地が造営された。その二年後には住宅地が入居者に払い下げられ、土地の方は国と入居者との間で賃貸契約が結ばれた。城内住宅の誕生である。

資料を見ると、城内住宅への入居の際は、政府が発行した戦災被災証明書、或《ある》いは復員証明書さえあれば良かったらしい。

ともあれ、空襲で焼け出された人々や、旧植民地からの夥しい引揚者たちは、行政側のこのような計《はから》いによって、なんとか風雨を凌《しの》げる場所を確保したのである。

やがて、城内住宅では、町内会が発足したり、上下水道が整備されるなど、地区内部の環境も向上していった。ところが、昭和三十年代後半辺りから、住民と行政との間で軋轢《あつれき》が生じる事になった。

城内住宅は、福岡城内に形成された住宅街である。行政では、この地に舞鶴公園・大濠公園という二つの公園を造成する計画が立てられたが、その際に行政と住民との間に対立が生じたのである。

城内では住宅が減少したが、その分子供たちは伸び伸びと空地で遊べるようになった。

朽ち果てた看板。現在では何と書かれていたのかも分からない。

昭和三十年代後半、城内住宅の住民たちは、公園予定地から立ち退《の》く、立ち退かないで、揉《も》めに揉めた。この問題は、今も続いている。

現在、城内住宅では住民の流出が続き、空き地となった土地も多い。この住宅街では、最盛期

城内住宅に隣接する菖蒲《しょうぶ》園。かつてはここにも住宅が密集していたと思われる。

に比べると、人口も約半数に減少してしまった。

都市計画や町づくりに関してはずぶの素人である筆者には、この問題について明確な解答は出せない。ただ、いえる事は、この城内住宅もまた、日本という国の歴史が産み出した町並みの一つだという事だけである。

町並みの現在と未来

筆者はこれまで、門司《もじ》港や柳川《やながわ》など、全国的に見ても人気の高い町並みを取り上げてきた。しかし、この章で取り上げた二つの町並みは、別に有名でもなければ人気の高い町並みでもない。売春や戦争など、歴史の「影」

の部分が生み出し、痕跡《こんせき》すら残さず消え去ろうとしている町並みである。いわば、新柳町や城内住宅は、日本史の「負の遺産」という訳である。

新柳町や城内住宅のような町並みは、福岡だけでなく、全国各地に存在する。否《いな》、「存在する」のではなく、「存在した」というべきであろうか。この種の、歴史の、「影」の部分が生み出した町並みは、保存運動が大して盛り上がる事もなく、「再開発」の名目の下《もと》で、次々と消え去ろうとしている。そして、マンションやオフィスビル、あるいは公園等に転用されつつあるのが現状である。

筆者は、このような事に関しては、否定も肯定もしない。町並みを残すか残さないかを最終的に決定するのは、筆者のような部外者ではなく、実際にその町並みに暮らす、住民一人一人だと思うからである。とはいうものの、懐しさを感じさせる町並みが再開発され、マンション等に変貌していくのは見るに忍びないが……。

さて、ここで町並みの未来について考えてみよう。

「路面電車は時代遅れの乗り物」という認識は、現在時代遅れになりつつある。

近年、鉄道関係の書籍を見ると、「ＬＲＴ（次世代型路面電車）」という言葉がよく目に付く。昨今、日本各地で、一旦廃止した路面電車をＬＲＴとして復活させよう、或いはＬＲＴを新設しようという動きがあるのだ。

　ＬＲＴの利点は、バスと違って排気ガスを出さない、低床車を導入すれば高齢者や体の不自由な人にも利用しやすい、等である。いずれにせよ、人と環境に優しい点がＬＲＴの持ち味なのである。

　筆者が何故ここでＬＲＴの話題を持ち出したかというと、ＬＲＴは町並みの未来を語る上で、非常に重要なキーワードの一つとなるのではないかと考えているからだ。

　京都や奈良の町並みを考えてみよう。

　実は、この二つの都市もＬＲＴの導入が検討されている。ＬＲＴ導入の際は、車体のデザインも「古都」に合ったレトロ調にした方が良いだろう。レトロ調の電車が町の中を縦横に走り回るようになったら、町並みも近代的なビルばかりだとちぐはぐな印象を与えてしまう事は否めない。そこで町並みの方も歴史と断絶したものではなく、伝統的な建築物を意識したものとしなくてはならなくなるだろう。

　このように、筆者は、二十一世紀の町並みはその土地の住民が先祖代々から培《つちか》ってきたような、伝統的なものへと回帰していくのではないかと考えているのである。

　歴史の教科書では、歴史の記述は「現代」の時点で終わる。しかし、現実には歴史というものは、「現代」で終わらず、「未来」へと続いていく。

町並みもまた然《しか》り、である。

この章で取り上げた新柳町や城内住宅も、変貌が進んではいるが、現代の時点で町並みの歴史が終わる訳ではない。この世に人間が存在し続ける限り、町並みの歴史もまた、未来永劫《えいごう》に続いていくのである。

主な参考文献

井上精三『福岡町名散歩』（葦書房）
柳猛直『福岡歴史探訪中央区編』（海鳥社）
『日本歴史地名大系第四一巻　福岡県の地名』（平凡社）
アメリカ戦略爆撃調査団聴取書を読む会編『福岡空襲とアメリカ軍調査』（海鳥社）
服部英雄・本田佳奈「城内住宅誌　その1　総論と前史（戦中編）」

あとがき

精神を癒す町並みの力

「福岡生まれに碌《ろく》な奴はいない」
政界財界芸能界文壇論壇等で顰蹙《ひんしゅく》を買う福岡出身の著名人を目にする度《たび》に、つくづくそう思う。

しかし、かくいう筆者も骨の髄《ずい》まで福岡の人間であり、福岡以外の土地で暮らした事の無い井の中の蛙《かわず》である。自分がこれまでに執筆してきたレポートは、そんな井の中の蛙による、井の中のガイドといえるのかも知れない。

＊　＊

ここで暫《しばら》く筆者本人について書き記す事にする。

筆者の通学していた大学は福岡大学だが、選んだ学部学科は人文学部文化学科である。つまり、筆者は町並みや建築に関しては全くの素人なのである。

そんな筆者が何故歴史的町並みというものに魅了されたのかというと、大学の二回生の頃に、読売新聞西部本社編『歴史の町並み再発見』（葦書房）という本に出逢ったからである。

この『歴史の町並み再発見』は、九州各県及び沖縄県・山口県・島根県に残されている、歴史的町並みを紹介した本だが、単なる観光ガイドブックに終始せず、それぞれの町並みの歴史や文化、そして町並み保存の取り組み方等にまで言及した書である。いわば、町並み研究の集大成ともいうべき書であろう。

筆者も、この本を買った当初は、まさに夢中になって読んでいたものである。また、自分の趣味である日帰り旅行に出掛ける際にも必ず携行し、旅行ガイドブック以上に重宝していた。

ともあれ、筆者は生涯を通じて続けられる趣味を持った訳だが、自分の生活には良い事ばかりあるとは限らなかった。

というのも、筆者は大学の三回生辺りから劣等感に取り憑《つ》かれるようになり、ノイローゼ状態になっていた。そして自分の精神年齢は五歳に違いないという妄想に取り憑《つ》かれ、発作的に「にこにこぷん」という歌を喚《わめ》き散らすようになった。あの頃は劣等感のあまり、自殺するか発狂する寸前まで陥《おちい》っていた訳である。

そんな苦悩に満ちた日々を送っていた筆者だが、月に一度か二度は県内外の様々な町に赴《おもむ》いては写真を撮ったり絵を描いたりしていた。その時だけは「にこにこぷん」を喚く事は無かったが、恐らく、歴史的町並みという存在、そしてそれらの地に住んでおられる方々との触れ合いによって、自分の心が癒《いや》されてきたのだろう。

このように、筆者にとって「町並みを見る」という行為は即ち、精神を癒すという事でもある。だが、歴史的町並みを探訪する者が、誰しも精神を癒す為に旅をするとは限らない。ある者は歴史的町並みに赴いて、その地で見付けた瀟洒《しょうしゃ》なレストラン等で美味《うま》い料理に舌鼓《したつづみ》を打ったり、変わった土産物を発見してついつい衝動買いをしてしまったりする。つまり、気軽に町並み巡りを楽しむ、という事である。また、ある者は、現地の住民との触れ合い等によって、町並みに隠された生活の智慧を知り、今後人間はどう生きるべきか、という考察のヒントにしたりするだろう。つまり、町並みを通じて様々な事を学ぶ、という事である。この他、町並みには興味はないが、仕事上の都合等によって、厭々《いやいや》ながら旅に出るという者も多々存在する筈《はず》である。

＊　　＊

さて、筆者は二〇〇二年に精神病院に入院し、その間に町並みで飯を食っていく決心をした。

退院後、二〇〇三年十一月から約二年間に亘《わた》って福岡県各地の歴史的町並みについてレポートを執筆し、更《さら》にその後、大幅な改稿を施《ほどこ》したが、全てを読み返して見ると、目を覆《おお》いたくなる程の酷《ひど》い文章である。自分は文筆業等の仕事には、向いていないのかも知れない。

筆者は文章を書く事が上手とはいえないが、その代わりに他に秀でた才能がある訳ではない。自分は典型的な無芸大食の人間である。親のコネだけで就職した会社を馘首《くび》になって以来、筆者は精神病院のお世話になる生活を続けている。そしてここ数年間、アルバイトすら全くしていない。所謂《いわゆる》ニートである。何《いず》れ自分は親の財産を喰い潰す事になるのかも知れない。

このレポートは、そんな穀潰《ごくつぶ》しのニートが書いた駄文である。貴方《あなた》はこれを読まれて、どう思われただろうか。

「全然面白くない」、「こんな不快な駄文十円の価値も無い」などと思われる方も多いだろう。このレポートを世に出したら、筆者は世間に大恥を曝《さら》し、いい嗤《わら》いものとなるかも知れない。

ところで、実をいうと筆者は、町並み探訪以外にも漫画を描くという趣味を持っている。聴講生として一年間だけ大学をやり直した際も漫画研究愛好会に入部したし、いしいひさいち氏や高橋春男氏等の諷刺《ふうし》に富んだ作品のファンでもある。尤《もっと》も、筆者は文章を書く事と同じ位絵も下手で、所謂「下手の横好き」といえる。最近では小学生でも、筆者よりはましな絵を描けるだろう。

しかし、自分が今までに描いてきた漫画には、全て愛着がある。何《いず》れ全ての作品を描き直したいとも思っている。

ともあれ、筆者は町並み以上に強い関心を寄せている訳ではないが、時々漫画も描いている。しかし、筆者はプロの漫画家になるつもりは毛頭無い。筆者は漫画よりも町並みの方に関心を持っているので、公務員として役場に勤務しながら小説を執筆していたフランツ・カフカに倣《なら》って、自分の描いた漫画が評価されるのは、自分が死んだ後にしようと思っている。

＊　＊

いささか漫画談義に原稿を費し過ぎたようだ。ここから福岡県そのものについて紙幅を取ろう。福岡県は、福岡地方・北九州地方・筑豊《ちくほう》地方・筑後《ちくご》地方の四地区に大別される。古代より商業が発達していた福岡（特に博多）、近代以降工業が発展した北九州、炭鉱によって繁栄した筑豊、そして米所《こめどころ》として知られる筑後など、それぞれ特徴がある。だからといって、それらの地方の住民がどんな性格をしているかという、いわゆる県民性や地域性を筆者は考えない。血液型による性格診断法には科学的な根拠が無いといわれているが、同様に様々な人やモノ、或《あ》るいは情報が日本全国、いや、世界各国を足繁く行き交っている現代では、県民性や地域性も意味を成さなくなっているのではないか、と筆者は考えているからだ。

さて、福岡県各地に点在する歴史的町並みは、非常に個性的である。レトロな雰囲気を漂わせる門司《もじ》港、自然豊かな英彦山《ひこさん》、懐しい下町情緒を持つ博多、そして美しい水辺の風景が自慢の柳《やな》川《がわ》など、福岡県内には数多くの歴史的に見ても価値が高い町並みが随所に存在している。

今後、福岡県に在住している住民一人一人にとっては、それらの美しい町並みを次の世代、いや、未来へと引き継がせる事が課題となるだろう。

今後の展望

さて、人が旅に出る目的は様々である。

温泉を堪能《たんのう》する者もいれば、美食を満喫する者もいる。或いはSLや路面電車を見たり乗ったりする為に旅に出る、という者も多いだろう。筆者の場合、旅即ち町並み探訪である。

福岡（特に博多）はグルメスポットとして知られる。玄海灘で獲れる海の幸《さち》や、米所・筑後地方で産み出される農産物等が、博多へと集約され、屋台で出される庶民的な料理から豪華な懐石料理まで、様々な料理に使われるのである。他県の人々は、それ等の料理に食欲を刺戟《しげき》されて博多へと足を運ぶのであろう。

旅の目的には正解も間違いも無い。ただ、精神を癒し、明日を生きる活力とする為に、人は旅に出るのである。

ところで先に触れた如く、筆者が座右の書としている本は、『歴史の町並み再発見』である。この本は筆者の人生を変えた一冊ともいえよう。しかし、今読み返して見ると、椎葉村《しいば》（宮崎県）等の農村集落が殆《ほとん》ど取り上げられていない。また、紹介する町並みが福岡県に偏《かたよ》り過ぎている嫌いもある。それでも筆者はこの本を一生持ち続け、心の糧《かて》としようと思っている。筆者がこれまで執筆してきたレポートは、『歴史の町並み再発見』に対する一種のオマージュといえるのかも知れない。

それから、このレポートで書き漏《も》らした事も少なくない。例えば、門司港に於《お》ける観光施設のバリアフリー化の動きや、秋月に於いては町並み保存が「住民不在」という事で批判された事など、枚挙に遑《いとま》が無い程である。また、このレポートでは一カ所の町並みに付き四百字詰め原稿用紙二十枚を費しているのだが、紙数の都合で割愛した事柄も多い。これらの書き漏らした事、割愛した事も機会があったら書いてみようと思う。

序《つい》でに書くが、歴史的町並みを持つ自治体が、町並みを保存させる為に採《と》る創意工夫も様々である。例えば、門司港レトロ地区の場合、国際友好記念図書館の存在が町並み保存に一役買っている。というのも、北九州市の条例では、図書館から半径二百メートル以内の場所にパチンコ店等の遊興施設を造ってはならない事になっている。国際友好記念図書館は門司港に元々無かった建造物なので、建設には賛否両論があったらしいが、この建物を図書館とする事によって町並みの連続性が保たれているのである。

近年、不況が終熄《しゅうそく》しつつある為か、日本各地で都市再開発が行なわれている。しかし、このように一寸《ちょっと》した工夫によって濫《らん》開発から町並みを守る事が出来るのである。

このレポートでは、福岡県に限定した町並みのみを論じてきたが、いつか日本各地の町並みについてもレポートを執筆していきたいと思っている。また、海外の町並みにも関心がある。一番行ってみたい国は北朝鮮（朝鮮民主主義人民共和国）だ。路面電車の走る首都平壌《ピョンヤン》や、写真で見た限りでは倉敷の町並みによく似ている開城《ケソン》等を、何時か訪れて写真に撮ったり絵に描いたりしてみたい。もちろん、かの地に真の平和が蘇った暁《あかつき》には、の話である。

筆者はこのレポートの執筆を、二十代最後にして三十代最初の大仕事としていこうと思っていたが、完結させるのに当初の予定よりも大幅に時間がかかってしまった。尤も、時間をかけた割には文章が粗削《あらけず》りで美文らしきものが殆ど無いのだが。

いよいよ大詰めであるが、最後にこう記そう。

このレポートでは、福岡県内の有名な町並み（最後の二ヵ所は有名ではないが）を取り上げたが、歴史的町並みはそれだけではない。例えば、北九州市内には八幡《やはた》製鉄所の社宅群が残されているが、これも立派な歴史的町並みといえるし、筆者の在住している古賀市にも伊藤小左衛門《こざえもん》ゆかりの宿場町、青柳《あおやぎ》がある。そう、歴史的町並みは何処《どこ》にでもあるのだ。貴方も自分の住む町並み、或いは自宅からそう時間を掛けずに行ける町並みを視点を変えて見直し、そして歩いてみよう。それぞれの町並みに存在する歴史や文化を、必ず発見出来る筈《はず》である。

拙稿を執筆するに当たり、数多くの方々の助言を戴きました。お忙しい中、貴重なお時間を割いて戴き、ありがとうございました。謹んでここに感謝の意を表します。

平成十八年十二月十二日

森下友晴（もりした・ともはる）

1974年、福岡県生まれ。
1997年、福岡大学人文学部文化学科を卒業。2007年4月より博物館学芸員の資格を取得するべく、科目等履修生として福岡大学に再入学。

福岡の歴史的町並み
～門司港レトロから博多、柳川まで～

二〇〇八年一〇月一日初版第一刷発行

著者　森下友晴
発行者　福元満治
発行所　石風社
福岡市中央区渡辺通二―三―二四
電話０９２（７１４）４８３８
ＦＡＸ０９２（７２５）３４４０
印刷　正光印刷株式会社
製本　篠原製本株式会社